NZZ **LIBRO**

Heinz Stalder

Die tausend Leben der Ursula Jones

Zwischen Luzern und London,
Musik und Archäologie

NZZ Libro

Der Verlag dankt folgenden Institutionen für die grosszügige Unterstützung:

Arthur Waser Stiftung
Gemeinnützige Gesellschaft der Stadt Luzern
Marianne und Curt Dienemann-Stiftung

Bibliografische Information der Deutschen Nationalbibliothek
Die Deutsche Nationalbibliothek verzeichnet diese Publikation
in der Deutschen Nationalbibliografie; detaillierte bibliografische Daten
sind im Internet über http://dnb.d-nb.de abrufbar.

© 2017 NZZ Libro, Neue Zürcher Zeitung AG, Zürich

Lektorat: Ingrid Kunz Graf, Schaffhausen
Umschlag: Katarina Lang, Zürich
Gestaltung und Satz: Gaby Michel, Hamburg
Druck, Einband: Kösel GmbH, Altusried-Krugzell

ISBN 978-3-03810-275-5

www.nzz-libro.ch
NZZ Libro ist ein Imprint der Neuen Zürcher Zeitung.

Inhaltsverzeichnis

Vorwort

Ich kenne Ursula Jones seit 1965, und ich habe insgesamt zehn wunderbare Jahre an ihrer Seite mit dem English Chamber Orchestra gearbeitet. Es war zu jener Zeit eine sehr mutige Entscheidung von Ursula, mich als jungen Künstler gleich in der Doppelfunktion als Dirigent und Pianist zu engagieren. Unsere erste gemeinsame Reise mit dem Orchester führte uns 1966 direkt zum Prager Frühling und im Sommer desselben Jahres nach Luzern, woher Ursula stammt. Ihr Vater Walter Strebi gehörte 1938 zu den Gründern der Musikfestwochen Luzern und war von 1953 bis 1966 deren Präsident. Er blieb dem Festival bis zu seinem Tod als Ehrenpräsident verbunden. Ursulas Mutter Maria gründete 1982 im Gedenken an ihren Mann die Maria und Walter Strebi-Erni Stiftung, die sich der Förderung des kulturellen Lebens in Stadt und Kanton Luzern verschrieben hat. Ursula entstammt also einer der Musik sehr verbundenen Familie, die mich seit meinem ersten Luzerner Auftritt 1966 nicht nur in ihrem Haus, sondern im Familienkreis willkommen hiess und stets wie ein Mitglied derselben behandelt hat. Maria Strebi-Erni war ich bis zu ihrem Tod im hohen Alter von 107 Jahren freundschaftlich verbunden, und ich bin der gesamten Familie für die herzliche Aufnahme bis zum heutigen Tag sehr dankbar. Für einen jungen Künstler wie mich war das damals von unschätzbarem Wert. Ursulas und meine Wege kreuzen sich bis heute regelmässig, und es ist jedes Mal eine immense Freude, sie wiederzusehen und zu erleben, wie leidenschaftlich sie nach wie vor als Anwältin junger Künstler agiert und das Musikleben bereichert. Ich hoffe, ihr sind noch viele aktive Jahre bei bester Gesundheit vergönnt, und uns noch viele gemeinsame Begegnungen.

Daniel Barenboim, im Mai 2017

Prolog

Mit einem Übersetzerdiplom im Koffer – Rucksäcke waren damals noch verpönt – steht Ursula Strebi als junge Frau auf dem Bahnhof von Arth-Goldau, fährt mit dem aus Zürich kommenden Philharmonia Orchestra nach Mailand und sitzt am Abend in der Scala zusammen mit Toscanini und Celibidache in einer Loge. Karajan dirigiert.

Sie reist mit dem Orchester durch Italien und zurück nach London, wo sie ihr Englisch, wie alles, was sie anpackt, perfektionieren will. Sie verdient sich ihre Unabhängigkeit von zu Hause mit einem Job im Musikbusiness, verliebt sich in einen jungen Trompeter, der ihr beim ersten Kontakt einen Korb gibt. Er müsse zugunsten eines Cricket Matchs auf ein Engagement für Verdis *Requiem* verzichten. Ursula versteht Crocket und zweifelt an der Ernsthaftigkeit des immerhin im London Philharmonic Orchestra engagierten Trompeters. Später engagiert Philip Jones sie fürs Leben, und sie verzichtet seinetwegen auf ein beträchtliches Erbe.

Während ihr Mann mit seinem international renommierten Philip Jones Brass Ensemble (PJBE) dem Blech Tür und Tor zur klassischen Kammermusik öffnet, macht sie als Mitbegründerin und Managerin das English Chamber Orchestra (ECO) zu einem der besten Klangkörper, ermöglicht vielen jungen, hochbegabten Musikern, unter anderen Daniel Barenboim, Weltkarrieren. Sie arbeitet in Aldeburgh sehr eng mit Benjamin Britten und seiner English Opera Group zusammen. Viele von Brittens Werken werden unter Ursulas Ägide vom English Chamber Orchestra uraufgeführt. Für ihr Orchester, Daniel Barenboim und andere grosse Solisten organisiert sie Welttourneen.

Nach einem Vierteljahrhundert leidenschaftlicher Hingabe stellt sie die Musik hinter ein Archäologiestudium, erfüllt sich einen

Wunsch aus ihrer Kindheit, doktoriert, bereits 60 Jahre alt, mit einer brillanten Dissertation über zentralamerikanische, präkolumbische Mahlsteine. Enthusiastisch gibt sie ihr Wissen als Dozentin weiter und bereist mit unersättlicher wissenschaftlicher Neugier die Länder ihres Fachgebiets, wird zur gefragten Mexiko-Kennerin.

In London ist Ursula Jones ausschliesslich zu Fuss, mit waghalsiger Geschwindigkeit auf dem Velo, im Bus oder in der Untergrundbahn unterwegs. Das Geld, das sie für Taxis ausgegeben hätte, legt sie als Basis für ihre gezielte, grosszügige finanzielle und ideelle Unterstützung und Förderung junger Musiker konsequent zur Seite. Wo immer sich eine oft auch schwierige, für sie aber zwingende Gelegenheit ergibt, Aussergewöhnliches zu entdecken, ergreift sie die Initiative und verfolgt ihr Ziel mit stets freundlicher und unwiderstehlicher Hartnäckigkeit.

Sie engagiert sich seit den Anfängen bei der Streetwise Opera, einer genialen Institution zur Resozialisierung Obdachloser durch Musik. Kaum jemand in ihrem immensen Freundes- und Bekanntenkreis ist gegen ihren permanenten künstlerischen und karitativen Einsatz gefeit.

Für ihr unermüdliches, vielseitiges Engagement wird sie Freewoman of the City of London. Die Königin ernennt sie für ihre Verdienste an der Musik zum Officer of the Order of the British Empire. Die Stadt Luzern verleiht ihr die Ehrennadel.

Sie wohnt in ihrem typischen Londoner Stadthaus, für das sie in jungen Jahren zusammen mit ihrem viel zu früh verstorbenen Mann Philip Jones enorm hart gearbeitet hat, unweit von Lord's Cricket Ground in St John's Wood. Durch einen mit viel Liebe gehegten und gepflegten Garten führt ein Weg zur Mews, dem Kutscherhaus. Eine iranische Immigrantenfamilie geniesst dort grosszügiges Gastrecht. Um etwas weniger notorisch zu spät zu ihren unzähligen Terminen zu kommen, rennt sie, wenn sie von Weitem einen roten Bus kommen sieht oder eine Untergrundbahn vielleicht noch zu erreichen ist, allen davon.

Sie ist eine passionierte Theater-, Opern-, Konzert- und Ausstellungsbesucherin, lebt ohne Fernsehen und ist mit Heerscharen von Künstlerinnen und Künstlern freundschaftlich verbunden. Sie wird nach den Auftritten ihrer Freunde in den Green Rooms erwartet. Ihre Feedbacks sind für die weiteren Auftritte der Künstler von unschätzbarem Wert. Spätnachts unterhält sie sich mit Kehrichtabfuhrmännern nicht weniger respektvoll und engagiert als mit den Stars vom Royal Opera House Covent Garden, der Wigmore Hall oder den grossen Häusern an der Southbank. Sie erinnert sich immer wieder mit grosser Begeisterung an das Theaterstück über Hurricane Higgins, den legendären, genialen und verkommenen Snooker-Spieler. Sie braucht extrem wenig Schlaf und ist die liebenswürdigste, ausnahmslos gut gelaunte, fröhliche, witzige, stets kompetente Person, mit der sich spätnachts in der einfachen Küche gescheit und endlos reden lässt. Über Gott und die Welt, die sie in London wie keine andere kennt, in Ruhe und Musse. – Bis in ihrem 85-jährigen, nimmermüden Leben der nächste Tag anbricht, an dem es noch mehr zu erledigen, zu initiieren, zu unterstützen, selbstlos zu helfen und vieles mit ihrem unverwechselbar herzlichen Lachen zu begleiten geben wird.

1

Von Lord's Cricket Ground an die Hamilton Terrace

Auf einem ovalen Rasen befinden sich elf Männer in weissen, präzis gebügelten Hosen, weissen Schuhen, weissen Polohemden und einem leicht ins Beige gehenden, meist kurzärmligen Pullover mit V-Ausschnitt. Dann stehen irgendwo auf dem mit einer Kordel abgegrenzten Feld zwei weitere Männer in schwarzen Hosen und halblangen weissen Mänteln mit undefinierbaren Hüten auf den Köpfen. Diese Männer, obschon sie so aussehen, sind keine Fleischhauer, die sich vom Smithfield Meat Market auf den Rasen von Lord's Cricket Ground verirrt haben. Sie haben sehr wohl etwas mit dem Spiel der weiss gekleideten Männer zu tun, machen sich manchmal mit eigenartigen Hand- und Armbewegungen bemerkbar, stecken, wenn es den eleganten Spielern auf dem Feld unter der Sonne zu heiss wird, deren Pullover in den Gürtel ihrer meist etwas zu engen Mäntel. In der Mitte des Ovals gibt es einen schmalen Streifen abgetretenen Grases. An beiden Enden dieses Streifens und vor drei senkrecht in den Boden gesteckten Stäben, über welche die Männer in den Mänteln vor dem Spiel zwei waagrechte Hölzchen gelegt haben, stehen zwei weitere Männer mit Helmen auf den Köpfen, Gittern vor dem Gesicht und ziemlich elegant wirkenden Schutzvorrichtungen an den Beinen. Dann nimmt ein Mann auf dem Feld mit einem kleinen roten Lederball, den er zuvor in verdächtiger Nähe seines Hosenschritts blank gerieben, zwischen Daumen, Zeig- und Mittelfinger geklemmt hat, Anlauf, der andere Mann auf dem braunen Rasenstreifen fixiert den Mann mit dem Ball, klopft dabei mit einem handlichen, etwa einen Meter langen Holzschläger ein paarmal auf den Boden – und dann beginnt es in England zu regnen.

Jetzt aber verzaubert ein wolkenloser Sommerhimmel den legendären Lord's Cricket Ground und das Stadion im eleganten Londoner Bezirk St John's Wood in eine, wenn schon ehrfürchtig vom Mekka allen Crickets gesprochen wird, dem edlen Sport angemessene Kathedrale.

Cricket? Doch, Cricket spielt in fast jeder Biografie eines Engländers oder einer Engländerin eine oft entscheidende Rolle. Auch im Leben einer Schweizerin, die durch die Heirat mit einem englisch-walisischen Musiker Britin wurde. Der Boden muss hier, mitten in der ohnehin nicht billigen Metropole, einen exorbitanten Wert haben. Grosszügige Tribünen, das wie ein Weltraumgefährt anmutende Pressezentrum und der filigrane Pavillon für die exklusiven Mitglieder des MCC, des Marylebone Cricket Club, umgeben den ovalen, akribisch gepflegten Rasen. Die Schulmannschaften aus Eaton und Harrow treffen sich zum traditionellen One Day Match.

Früher, als die Eltern, Grosseltern, Geschwister, Tanten, Onkel, Cousinen und Vettern noch nicht zwingend einer regelmässigen Arbeit nachzugehen brauchten, war der Cricket Match der Eliteschulen an einem ganz gewöhnlichen Wochentag einer der saisonalen gesellschaftlichen Höhepunkte.

Noch werden auf den lauschigen Nebengreens als Reminiszenz an glorreichere Zeiten überbordende Picknicks zelebriert. Champagnergläser, edles Porzellan und silbernes Besteck aus geflochtenen Reisekörben werden ebenso sorgfältig wie gediegen assortiert. Da und dort schreitet ein Herr im dezent grauen Morning Dress daher, einen gleichfarbigen Zylinder auf dem Kopf. Die eine oder andere Lady präsentiert sich mit vielleicht viktorianischen Blumengebinden auf ausladendem Hut. Insgesamt wirkt die Szene aber doch mehr casual als formal.

Ein Wing Commander aus dem Zweiten Weltkrieg sieht sich mit etwas steifer Oberlippe bemüssigt, die Bedeutung des Spiels auf dem mindestens ebenso gepflegten Lord's Rasen wie draussen im profaneren Wimbledon zu erklären. Der leutselige Veteran Ihrer Majestät verlor im Luftkampf ein Auge und war ein besserer Cricket-Spieler als die heutigen, eindeutig verweichlichten Boys aus den besten oder zumindest guten Familien des Landes. Wenn nicht gerade die Royal Air Force zum Kriegsdienst rief, war das Leben – ja, als es noch Kolonien gab – ein einziges Fest.

«We did nothing and everything but the season.»

Der Champagner wird nach einer dem ereignislosen Geschehen auf dem Rasen adäquaten Formel mit Guinness durchsetzt. Black Velvet. Ein leicht alkoholisierter Dunst legt sich über das Stadion der urenglischsten aller englischen Sportarten. Der Wing Commander schiebt sich zwischen seinen nostalgischen Statements aus besseren Zeiten frische Erdbeeren in den Mund und erinnert sich mit lüsternen Blicken auf leicht bekleidetes Jungvolk an Baudelaires Gedicht vom Erdbeermund und wilder Lust, die ihn beim Anblick junger roter Lippen überkommt. Das Spiel endet noch vor der Teepause und wird nach den gefallenen Wickets und minutiös gezählten Runs, Overs und No Balls als Draw gewertet. Die Anekdoten des alten Soldaten – «as older you get as an officer, the more you become an old soldier» – verlieren an Witz und gewinnen an Schlüpfrigkeit.

Suzie Maeder, eine mehr in die klassische Musik involvierte Fotografin, welcher der Zutritt zum geheimnisumwobenen Long Room im Pavillon untersagt ist (Frauen ist 1992 der Aufenthalt noch verwehrt; einzig die Königin als geschlechtsneutraler Monarch darf den sakrosankten Raum betreten), hat weiter die St John's Wood Road hinunter in der schnurgeraden Hamilton Terrace eine Bekannte, die, wenn sie denn zu Hause sein sollte, immer für einen Tee, einen Kaffee oder ein Glas Wein gut und gerne bereit ist. Sie ist zu Hause.

Durch einen gepflegten kleinen Vorgarten führt eine Treppe zu einer braunen unnummerierten Tür mit einem eleganten halbrunden Regency-Fenster.

Die Dame des Hauses öffnet, ist freudig überrascht, lacht, umarmt die Bekannte, stellt sich als Ursula Jones vor. In unverfälschtem Stadtluzerner Dialekt spricht sie. Im Gang zu ihrem Büro, links das Esszimmer, dann die Küche, hängen alte Stiche, Grafiken, die einem bekannt vorkommen, Fotos, gerahmte Plakate mit Konzertankündigungen. Der Begriff Brass ist mehrmals augenfällig. Auf einem Foto Wilhelm Furtwängler in Badehosen. Neben ihm ein schöner Mann in gleicher Kleidung.

«Mein Vater», erklärt Ursula.

Die beiden Männer liebten den Luzerner Lido, waren begeisterte Schwimmer. Ursulas Vater war ein bekannter Sportler, Kurzstreckenläufer, 1924 für die Olympischen Spiele in Paris für 100 und 200 Meter selektioniert. Ein Muskelriss verhinderte die Starts. Dr. Walter Strebi, Anwalt, Mitbegründer der Internationalen Musikfestwochen, Luzerner Stadtrat, Schuldirektor. Lang ist's her. Ein Dreivierteljahrhundert.

Ursula ist Engländerin. Londonerin. Hier zu Hause. Verwurzelt an der Hamilton Terrace, wo sich lange Zeit alle kannten wie auf einem Dorf. Wenn aber heutzutage jemand altershalber oder weil das Haus nach dem Auszug der Kinder zu gross geworden ist verkauft und wegzieht, kommen Leute an die einst vornehmlich von Künstlern oder Kunstbeflissenen besiedelte Strasse, die vor allem und in erster Linie genügend Geld haben, sich die fast täglich mehr ins Astronomische steigenden Hauspreise zu leisten.

«Bitte, kommt hinaus in den Garten. Unter dem grossen Birnbaum gibt es genauso viel Schatten, wie es ihn im englischen Sommer braucht, um dennoch die Sonne geniessen zu können.»

Schmal ist der Garten zwischen den überwachsenen Mauern,

über die man an den Bäumen den Nachbarn ahnen, aber, ohne sich auf die Zehenspitzen zu stellen oder auf eine Treppe zu steigen, nicht sehen kann. Hinter gepflegten weiteren Bäumen und Sträuchern ist das Häuschen zu sehen, in dem früher das Fuhrwerk, die Pferde und der Kutscher untergebracht waren. Ein Auto steht in der Garage. Ein Porsche. Kein Statussymbol. Wäre ja noch! Viel wichtiger sind die zwei Fahrräder. Ein modernes für die Dame, ein echt englischer Oldtimer für den Herrn. Der Bewohner der einfachen, aber nicht bescheiden eingerichteten Mews ist ein alleinstehender Mann, ein Gentleman von Kopf bis Fuss. Ein glühender Verehrer Maria Callas'. Seine Sammlung von Programmheften, Bildern und Kritiken ist immens. Vieles mit sehr persönlichen Widmungen versehen. Würde man genau hinhören, wäre die grosse Stimme vielleicht durchs offene Fenster zu hören. Am tiefblauen Himmel ist ein in Heathrow gestartetes Flugzeug im Steigflug zu sehen und zu hören. Bei Nordwind seien auch die Beifallsstürme aus dem Cricket Stadion at Lord's zu hören. Es soll Besucher in Ursulas Garten gegeben haben, die den Verlauf und die Resultate eines Matches rein akustisch feststellen konnten.

Nein, sie versteht das Spiel nicht. Sie hatte damals, als sie für das Philharmonia Orchestra und die Aufführung von Verdis *Requiem* noch dringend einen weiteren Trompeter brauchte und einen gewissen Philip Jones kontaktierte, nicht einmal den Unterschied zwischen Cricket und Crocket gewusst, sei dann aber schon ein bisschen entsetzt gewesen, dass dieser Musiker auf ein Engagement zugunsten eines Cricket-Spiels verzichtete. Engländer eben. Etwas schrullig und kulturell anders geprägt als Künstler auf dem europäischen Festland. Dabei wären doch gerade die Musiker, die praktisch alle als Freelancer arbeiteten, auf anständig bezahlte Auftritte angewiesen gewesen.

Aus dem übernächsten Nachbarhaus grüsst ein Herr, entschuldigt sich, möchte unter keinen Umständen stören, nur melden, dass er wieder zurück und alles gut gegangen sei. Ursula dankt und fragt, ob er nicht auch kurz zu einem Glas Wein herüberkommen wolle.

«Sehr gerne», sagt der Herr, aber in einer Viertelstunde müsse er sich auf den Weg zu einer Besprechung mit dem Philharmonia Orchestra machen.

«Sir Charles Mackerras», sagt Ursula, «ein australischer Dirigent, schon lange in Europa, in Hamburg, Prag und jetzt vor allem in London tätig. Einer der ganz grossen Kapellmeister mit enormen Verdiensten. Ohne ihn wäre der Tscheche Janacek wohl in Vergessenheit geraten.»

Und da sei auch die Geschichte, dass in einem anderen Nachbarhaus ein Untermieter zu einem Wohltätigkeitsdinner eingeladen war, wohl einen dunklen Anzug, aber kein weisses Hemd für den entsprechenden Dresscode besass. Da der Lodger der Grösse von Sir Charles in etwa entsprach, kam Ursula auf die Idee, Lady Mackerras zu fragen, ob sie dem in Verlegenheit geratenen Mann vielleicht aushelfen könnte. Kurz darauf habe es im Basement geklingelt, und eine zierliche Dame stand mit drei Hemden, einer Bauchbinde und einer schwarzen Fliege vor der Tür. Bei der Wohltätigkeitsveranstaltung dirigierte Sir Charles Mackerras, und Janet Baker sang. Beim anschliessenden Diner stellte der im fremden Hemd steckende Untermieter fest, dass die Überbringerin der nötigen Kleidungsstücke die Gattin des berühmten Kapellmeisters war. Er nickte auf ihr herzliches Winken schüchtern zurück, und Sir Charles stand auf und rief mit seinem kräftigen Bass «So you are the man in my shirt!» quer durch den Saal.

Ursula kennt unzählige Anekdoten, an denen es in der Welt der Musiker, Sängerinnen und Sänger ohnehin nicht mangelt. Der kühle Weisswein ist aus Südafrika. Die herbeigezauberten Snacks und das meiste in diesem wunderschönen Refugium mitten in der geschäftigen, nimmermüden Stadt kennt sie nur mehr auf Englisch.

18

Auf einem kleinen weissen Gartentisch liegen zwei orangerote Bücher, in denen Ursula, bevor der unerwartete Besuch eintraf, geblättert hatte. Wenn sie die neugierigen Blicke auf die Bücher bemerkt, scheint sie sich zu genieren, erlaubt aber dennoch, die buchstäblich nach Druckerschwärze riechenden Bücher in die Hand zu nehmen. Gewichtig sind sie. Band 1: 700 Gramm, Band 2: 1,7 Kilogramm.

«Ursula Jones: Decorated Metates in Prehispanic Lower Central America. University of London 1992.»

Ursulas brillante Doktorarbeit über prähistorische Mahlsteine in Zentralamerika. Auch wenn sie das berechtigte Staunen über ihre Leistung mit ihrem gewinnend ehrlichen Lächeln zu relativieren versucht, ein klein wenig Stolz und Genugtuung ist, Gott sei Dank, festzustellen. Auf beiden Bänden ist je einer von Dr. Jones akribisch erforschten Mahlsteinen abgebildet. Auf Band 1, einer Liege vergleichbar, ein mit Ornamenten verzierter Stein mit einem Mano, einer ebenfalls steinernen Rolle, die mit beiden Händen über die zu mahlenden Getreide bewegt wurde. Auf Band 2 ist die Basis ein Tier, wahrscheinlich ein ornamental reich verziertes Reptil. Zurück gehen diese Utensilien zum Mahlen auf das erste Jahrtausend nach Christus. Ursulas Forschung konzentrierte sich auf das Gebiet zwischen Honduras und dem heutigen Panamakanal. In früheren Untersuchungen wurden diese dekorierten Mahlsteine oft als Altäre, Throne, Tische für kultische Zeremonien und eher selten als «Metates», Mahlsteine, bezeichnet. Ursula weist in ihrer Arbeit nach, dass die Mehrzahl der von ihr an über 650 Exemplaren gemachten Erkenntnisse darauf hinweisen, dass es tatsächlich in erster Linie ganz praktische Mahlsteine sind und die reicher verzierten wahrscheinlich für rituelles Mahlen gebraucht wurden. Dass zur Herstellung des Mehls, der Grundsubstanz für unser tägliches Brot, auch Mystik und Symbolik gehört, leuchtet auch dem nüchternsten Laien ein. Eine unglaubliche Arbeit. In vier Kapiteln mit vielen Unterteilungen, mit unzähligen Fussnoten und Quellenangaben, Skizzen und chronologischen Angaben im ersten und 650 minutiös mit geografischen, geologischen Fakten, mit Mass- und Gewichtsangaben versehenen Objekten und deren heutigen Standorten im zweiten Band. Nach 303 ersten Seiten nochmals 651.

Wie kommt eine 60-jährige Frau zu so einem Effort? Es war von Kindsbeinen an ihr Wunsch, nach Schätzen vergangener Zeiten zu graben. «Archaeology is rubbish», mögen sich ihre Eltern nach einem willkommenen Missverständnis gesagt haben. Abfall, unnützes Zeug. Abfall ja. Überbleibsel aus fernen Zeiten, Bruchstücke, die auf ein nicht mehr vorhandenes Ganzes schliessen lassen, die uns die Augen öffnen für Verschollenes. Ursula setzte sich mit ihrem Drang zur Wissenschaft nicht durch.

Sprachen, wenn für die junge Frau ein Rechtsstudium schon nicht infrage kam, waren in der Nachkriegszeit en vogue. Wer sich nicht bloss deutsch auszudrücken vermochte, Italienisch, vor allem Französisch und immer wichtiger Englisch beherrschte, würde es im Leben leichter haben, es zu etwas zu bringen, als wenn er auf Knien in Ruinen herumrutschte, mit kleinen Schaufeln und winzigen Bürsten wie Kleinkinder im Sandkasten nach Scherben grub und vielleicht einmal eine alte Münze fand, auf die er dann aber, falls sie sich als wertvoll erweisen sollte, ganz bestimmt keinen Besitzanspruch hatte. Drum nach der Mittelschule einen nützlichen Bildungsgang einschlagen. Ursula gehorchte, wurde Übersetzerin und fand sich dann, auch dank der vielfältigen Beziehungen ihres Vaters, in der Musikvermittlung sehr schnell zurecht. Die Sprachen halfen ihr beim oft sehr aufreibenden Organisieren von Musikern, Orchestern, Konzerten und Tourneen.

Vieles spielte dann nach vielen Jahren im Musikbusiness so unterschiedlich zusammen, dass sich einiges trotz ihres stets optimistischen Enthusiasmus zu desillusionieren begann. Mit der bedingungslosen Unterstützung ihres Mannes Philip begann sie nicht bloss ihren früheren Berufsträumen nachzutrauern, sie machte sich vielmehr gezielt an die Realisierung, setzte sich zu den Studentinnen und Studenten auf die harten Bänke der Hörsäle und vertiefte sich in ein Studium, das sie mit jeder Vorlesung mehr zu faszinieren begann.

Die Musik blieb trotz der neuen Beschäftigung und grossen Herausforderung nicht auf der Strecke. Das Philip Jones Brass Ensemble gewann kontinuierlich an Reputation, die Kritiker und Kenner der Szene waren sich einig. Da war einer, der dem Schattendasein der Blechmusik mit hervorragend arrangierter Klassik entgegentrat. Ursulas Erfahrung als Managerin trug zum Renommee Wesentliches bei.

Dass sich Mrs Jones bloss mit einer Sache beschäftigte, war schon damals nicht denkbar. Drüben in der Mews, im schmucken Kutscherhäuschen, wo Philip Jones' Mutter wohnte, befand sich auch die Garage. Musiker sind Nachtarbeiter. Studierende oft auch. Ursulas Schuhgeklapper von der Garage zum Haus und wieder zurück, dieses nächtliche und ständige Hin und Her wurde in den stillen Nächten der nach hinten noch ruhigeren Hamilton Terrace vielleicht nicht über weite Strecken wahrgenommen. Störend fand es jedoch ein Shell-Direktor.

«Mrs Jones!», stellte er sie eines Nachts völlig entnervt auf ihrem Weg von ihrem Beruf zu ihrer Archäologie und wieder zurück in die Musik lauthals zur Rede, «when are you going to change your frightening way of life?»

Es ist anzunehmen, dass Ursulas sogleich leisere Gangart den auf das Nichtentgegenkommen eingestellten Nachbarn noch unruhiger schlafen liess.

Der Doktortitel und die darauf folgende Lehrtätigkeit veränderten zweifelsohne ihr Leben und beschleunigten ihren Rhythmus um weitere Kadenzen. Ihre ersten Vorlesungen bereitete sie so minutiös und bis ins kleinste Detail ausgefeilt vor, dass sie gar nicht dazu kam, die Lektionen zu reflektieren, auf Feedbacks zu warten und eigene Qualitätskontrollen durchzuführen. Ihre stets fröhliche, nie aggressive oder gar arrogant überhebliche Haltung gegenüber anderen ermutigte ihre ersten Studenten an einer Erwachsenenbildungsuniversität, sie darauf aufmerksam zu machen, dass etwas weniger Stoff ganz entschieden mehr wäre.

«Ich wollte mein in einem bereits etwas angegrauten Hirn gespeichertes und später mit einem normalen Studienverlauf angeeignetes Wissen ohne Einschränkungen weitergeben. Ja. Auch in der Meinung, ich könnte als alte Newcomerin ohnehin Wissenslücken haben.»

Ihr Lachen ist herzlich. Ein Sommerlachen. Irgendwo am hohen Himmel über London scheint eine Lerche mit einzustimmen. Sobald das Interesse an ihrer Person, an ihrem aussergewöhnlichen Leben und Wirken eine für sie kritische Grenze erreicht, löst ein Signal einen Alarm aus und rät zum Rückzug in ihre unbestrittene Bescheidenheit. Ob sie denn nicht ein bisschen stolz sei auf all das dank Begabung und unermüdlichen Fleisses Erreichte?

«A little bit. Maybe.»

Ein Rückzug in ihre zweite, wahrscheinlich wichtigere und richtigere Heimat, in die Sprache, die ihr geläufiger ist als die der Bewunderer ihrer 1000 Seiten über präkolumbische Mahlsteine Zentralamerikas.

«Wie war denn der Cricket Match at Lord's?», bringt sie das Gespräch auf eine andere Schiene und will wissen, welches Wunder denn geschehen sei, dass jemand vom Festland sich auf einmal für einen Sport interessiere, mit dem man doch gross geworden sein müsse, um auch nur der Spur nach verstehen zu können, was auf dem ovalen Feld geschehe, wenn es nach dem Klopfen des Manns mit den Beinschonern, dem Helm und dem Gitter vor dem Gesicht nicht zu regnen beginne.

Die Zeit reicht nicht mehr, das at Lord's erworbene Wissen der Frau weiterzugeben, die mit ihrem English Chamber Orchestra um die Welt gereist war, den besten ihrer Musiker den Weg zum Olymp geebnet hatte.

Im Büro, durch das man in den Garten gelangt, läutet schon zum wiederholten Mal das Telefon. Es gibt keinen Anrufbeantworter. Ursula will sich nicht mit ständiger Erreichbarkeit und Bereitschaft auf Bestellung in Abhängigkeiten begeben. Wer Wichtiges mitzuteilen, zu fragen oder zu antworten habe, rufe wieder an. Es reiche, wenn einem der Computer und all die unpersönlichen Mails die Zeit stählen, die dann für persönliche Gespräche nicht mehr oder nur mehr beschränkt vorhanden sei. Auf dem Gang zur Haustür nimmt sie den Hörer im Vorübergehen doch ab und spricht mit ungeheurer Geschwindigkeit eine Zahlenkombination in die Muschel. Es ist ihre Telefonnummer. Dann folgt ein freudig gerufener Name. Die Besucher warten, bestaunen mehr Bilder und Fotografien. Einige kommen ihnen mehr als nur bekannt vor. Toscanini ist unverkennbar. Auch er mit Ursulas Vater.

Der Mann am Telefon lädt zu einem Besuch der Clonter Opera ein.

«Kommst du mit? In die Nähe von Manchester. Meine Schwägerin wohnt in Ollerton. Das Haus ist gross genug. Marah wird sich freuen, uns zu beherbergen.»

23

2

Die Ernis von Winkelried

Ein von Ursula entdeckter, geförderter und betreuter Musiker wird
später aussagen, ohne sie hätte er sich nach Abschluss seiner Ausbildung nach einer Stelle als Musiklehrer umsehen müssen und hätte
irgendwo weit draussen in der Provinz Fuss gefasst, Wurzeln geschlagen und bis ans Ende seiner Tage das bescheidene Leben eines jeder Vision beraubten mittelmässig Begabten geführt. Duncan Ward
wurde zu Beginn seiner Karriere bei den Berliner Philharmonikern
Sir Simon Rattles Assistent.

Und sie? Wie sah es denn aus mit ihrem Start ins Leben? Ursula
schaut durchs Eisenbahnwagenfenster hinaus in die englischen Mid-
lands.

Luzern war in den späten 1930er-Jahren ein bisschen anders als
diese von Hecken durchzogene sanfte Landschaft unter einem Himmel, der die Wiesen, Wälder, die Einzelhöfe, die Dörfer mit ihren
typischen Kirchtürmen, die Herrenhäuser, Schlösschen und Schlös-
ser mit einem Licht übergiesst, das kaum anderswo so verzaubert
wirkt wie hier auf der Insel Ihrer Majestät, der Königin. Auch wenn
gerade über längere Zeit die Kühltürme eines Kernkraftwerks zu sehen sind und auch in kleineren Städten die Vororte und Einfahrten
zu den Bahnhöfen vielleicht noch ein bisschen trister daherkommen
als anderswo.

Eine überaus glückliche Kindheit würde sie die ihre nicht nennen. Die Mutter liebte es, ständig umzuziehen, etwas Besseres zu
suchen, sich wohl auch gesellschaftlich in entsprechenden Kreisen

bewegen zu können. Viel Zeit wendeten ihre Eltern für die kleine Ursula nicht auf. Es gab Gescheiteres, Wichtigeres, Einträglicheres zu tun und zu planen, als eine Tochter grosszuziehen, die bald einmal die Erziehungsdefizite zu realisieren begann, die verschiedenen Phasen des Trotzalters nach Lust und Laune zeitlich verlängerte, rebellierte.

Zum grossen Glück für das aufmüpfige, aber immer fröhliche Mädchen gab es in der Familie ihrer Mutter fast beliebig viele Onkel und Tanten, die sich die Zeit gerne nahmen oder vielleicht auch nehmen mussten, sich mit der kleinen, neugierigen, unternehmungslustigen und Aufmerksamkeit heischenden Ursula zu beschäftigen.

Noch heute, wenn ein Gegenstände transportierendes Gefährt über holprige Böden, Strassen, Plätze oder Schienen holpert und rumpelt, kehrt das Vergnügen von damals zurück, als ihre Onkel sie an der Luzerner Bireggstrasse auf einen Servierboy setzten und das auf hin und her scheppernden Rädern nicht besonders stabile Gestell zum Glücksgekreisch Ursulas und bubenhaften Gelächter der Anschieber so laut wurde, dass selbst die Pferde des Rosshändlers Kaufmann auf der gegenüberliegenden Strassenseite mitwieherten.

Tante Griti wurde zu Ursulas verehrter und geliebter Ersatzmutter. Sie nahm sich Zeit, hatte immer Zeit, spielte mit ihr, erzählte ihr Geschichten, an die sich Ursula nicht mehr im Detail erinnert, die aber in ihrem ganzen Empfinden so tief verwurzelt sind, dass Bilder von vollendeter Schönheit entstehen, wenn sie den Namen Griti hört.

Dagegen kommen all die Berühmtheiten, die im Haus Strebi-Erni während der Internationalen Musikfestwochen verkehrten, nicht an. Ursula verfügte schon als Kind über ein ausgesprochen feines Urteilsvermögen. Schöne Menschen, falls ihr Aussehen auch mit den von ihr geforderten inneren Werten mithalten konnten, faszinierten sie.

Vater Walter Strebi war ein athletisch gebauter, überaus attraktiver Mann. Mutter Maria gab viel auf Äusserlichkeiten, brillierte aber auch mit einem phänomenalen kaufmännischen Wissen, war eine couragierte Kämpferin für Frauenrechte, liebte die Kunst, war eine grosse Leserin und verstand von guter Musik, die sie über alles liebte, mehr als so mancher ihrer illustren Gäste, die sich mit Small Talks weit unter der eloquenten Souplesse der Gastgeberin bewegten.

Ursula hat vieles von ihrer Mutter geerbt. Ideell. Materiell wurde sie von den schon damals über ein beträchtliches Vermögen verfügenden Eltern nach ihrer Heirat mit Philip Jones enterbt. Ursula unterschrieb, dass sie auch auf den Pflichtteil verzichte.

Musik ja. Aber doch nicht ein Musiker, ein Engländer, ein Trompeter, ein Künstler, der, damit er auftreten durfte, ein Hausiererpatent vorzuweisen hatte.

Tante Griti liebte Spaziergänge am Luzerner Schweizerhofquai, und Ursula fühlte sich unter den Herrschaften, den eleganten Damen und stets etwas steiferen, an Stöcken gehenden Herren, wohl, amüsierte sich, schaute nach besonderen Extravaganzen aus, lachte, ohne auszulachen. Vor allem die oft etwas schrulligen Engländer hatten es ihr angetan. Ihre Sprache verstand sie nicht, erkannte sie aber an den Lauten, an der dezenten Gestik, der bewusst unterspielten Arroganz, an den steifen Oberlippen und an der Mode, die sich gekonnt von den ab der Stange gekauften Kleidern deutlich unterschied. Von den Hüten der Damen ganz zu schweigen. Da muss schon sehr früh eine Affinität, eine Faszination, wenn auch bis heute eine kritische, vorhanden gewesen sein.

«Ich zwinkerte ihnen zu, machte einen kaum wahrnehmbaren Knicks, und die englisch eleganten Ladies, Gentlemen, Lords und Dames auf ihrer schon fast rituellen Promenade vor dem Dinner nickten der kleinen Göre zu. Die einen überrascht und etwas unbeholfen, die anderen amüsiert, erstaunt. Die Dritten ahnten vielleicht, dass ich dereinst im Buckingham-Palast von Ihrer Majestät, Queen Elizabeth II, zum Officer of the Order of the British Empire ernannt werden würde.»

Die Mitpassagiere im Zug Richtung Manchester drehen sich nach dem herzlichen, lauten, nicht zu lauten Lachen um. Es sind keine strafenden Blicke. Sie schauen so, als ob sie verstanden hätten, dass eine fremdsprachige Untertanin der Königin sich einer amüsanten Begebenheit am Hof erinnert hatte.

Doch, die gibt es auch, die Anekdoten im Kreis illustrer Adeliger. Der König von Tonga war auf Staatsbesuch in England, und weil die exotische Hoheit die Königliche Brassband gesehen und gehört hatte, fasste er den Entschluss, auch so eine Formation aufzustellen und seine Paraden spektakulärer zu gestalten. Ursula und Philip Jones wurden mit der Absicht zu einem privaten Lunch in den Buckingham-Palast eingeladen, dem König von Tonga diesbezüglich beratend zur Seite zu stehen. Philip Jones war stets davon überzeugt, die Königin habe nach dem Wunsch ihres royalen Gastes den Auftrag gegeben, in den Yellow Pages nach einem Sachverständigen in Sachen Blechmusik nachzuschlagen. Als Ursula bei einigen Freunden erwähnte, dass Philip Jones und sie zusammen mit dem König von Tonga im Buckingham-Palast zum Mittagessen eingeladen seien, bekam sie mehrmals eine amüsante Begebenheit zu hören, die sich während der Krönungsfeierlichkeiten für Elizabeth II abgespielt haben soll.

Ein Freund des extravaganten Literaten und Schauspielers Noël Coward soll bei der Vorbeifahrt der offenen Kutsche mit der Königin von Tonga gefragt haben, wer denn der kleine weissgekleidete Mann neben der sehr kräftig gebauten Dame sei. «Her Lunch», soll Noël Coward, ohne mit der Wimper zu zucken, geantwortet haben. Beim Lunch im Buckingham-Palast verspätete sich der König von Tonga, und in einem lockeren Gespräch wurde die Anekdote aufgefrischt, wobei die Queen die despektierliche Antwort Winston Churchill zuordnete, worauf Ursula Her Majesty spontan korrigierte und Noël Coward zum Urheber erklärte. Philip wäre wegen der Unverfrorenheit Ursulas, die Königin zu korrigieren, am liebsten durch eine Ritze im Parkett verschwunden.

Und apropos Fettnäpfchen, in die nur tritt, wer sich in die Gehege fremder Vögel oder zumindest deren Gefieder begibt: Es geht um Ursulas andere Tante, die grosse, stille Kunstsammlerin und Mäzenin Berthe Kofler, wie alle Ernis eine hochbegabte Malerin. Bei einer privaten Präsentation ihrer Bilder kommt ein Freund Ursulas mit einer ebenfalls kunstbeflissenen Dame ins Gespräch, unterhält sich angeregt über das Werk der Schwester des jedem Kind bekannten Hans Erni. Wenn er ganz ehrlich sein wolle, ziehe er den Hut vor der unbekannten Schwester des für ihn viel zu populär, viel zu dekorativ malenden grossen Bruders. Jemand, der mit den Erni'schen Familienverhältnissen bestens vertraut ist, stösst Ursulas Freund den Ellbogen in die Seite. Die Dame, mit der er sich gerade sach- und kunstverständig unterhalte, sei Doris, die Frau Hans Ernis, die geniale Vermarkterin des Schöpfers unverwechselbarer Pferde und grazil bewegter menschlicher Körper.

Ursula hielt sich gerne in Onkel Hans' Atelier auf. Hans Erni war auch ein grosser Fabulierer mit Worten. An der Winkelriedstrasse in Luzern weihte er seine kleine Nichte in das unbedingt geheim zu haltende familieninterne Geheimnis ein, dass die hohe Regierung in uralten Dokumenten herausgefunden habe, sie seien die Ernis von Winkelried und hätten auf allerhöchste Anordnung standesgerecht in die entsprechende Strasse umzuziehen. Einem Mann, zudem ihrem Onkel, der sich weit über den Durchschnitt all ihrer Bekannten und Verwandten auszudrücken verstand, malen und zeichnen konnte, mit einem Pinsel- oder Bleistiftstrich mehr aussagen konnte als der Vater, der als Anwalt auch nicht gerade aufs Maul gefallen war, glaubte Ursula alles. Fast alles. Einiges schien ihr zu geschliffen, zu gekonnt daherzukommen, um wirklich wahr zu sein, durch die bekannten sieben Böden hindurch standzuhalten. Seine politische Überzeugung, die in ihrer kommunistischen Konsequenz temporär gewesen sein mochte, schien dem an seinen Lippen hängenden Mädchen mehr Eindruck gemacht zu haben, als es den politisch auf der entgegengesetzten Seite etablierten Eltern recht gewesen sein mochte.

Als sich Walter Strebi während des Zweiten Weltkriegs als Anwalt Sorgen zu machen begann und in der möglichen Ermangelung potenter Kunden eine Gefahr für den gewohnten Lebensstandard aufkommen sah, wechselte er vorübergehend in die Politik, wurde Luzerner Stadtrat, Schul- und Polizeidirektor. Mit einer Tochter notabene, die in der Schule nichts als Schwierigkeiten machte, öfters wegen zu auffallenden Verhaltens vor die Tür gestellt werden musste. Draussen im Gang ritzte sie jedes Mal ihre Initialen «US» in die Wand bei den Kleiderhaken über den Schuh- und Finkenbänken. Als sie schliesslich, ohne Zweifel von Onkel Hans beeinflusst, in grosszügiger Schrift «Liebt Väterchen Stalin» mit dicken Kreidestrichen an die Wandtafel schrieb, wurden beide Elternteile in die Schule zitiert. Selbstverständlich war es dem freisinnigen Polizei- und Schuldirektor mehr als nur ein bisschen peinlich, mit der Untat seiner kommunistisch infiltrierten Tochter konfrontiert zu werden, er durfte sich aber keine Blösse geben. Sollte das allem Anschein nach fehlgeleitete Kind sich nicht entschieden bessern, wurde ihm ultimativ mit der Einweisung in eine berüchtigte Erziehungsanstalt gedroht.

Die Sommerferien verbrachte Ursula ohnehin schon im Lehn, dem städtischen Ferienheim in Richtung Eigenthal hoch über Kriens. Zu Fuss brachte die Mutter das Kind von Kriens über die unzähligen Treppen des Pilger- respektive Prügelwegs hinauf zur Wallfahrtskirche im Hergiswald und noch einmal fast so weit und hoch und steil ins Holderchäppeli und ins grosse Haus, von wo die vielleicht schönste Sicht auf die Stadt Luzern zu bestaunen ist. Dass die Eltern Ursula dort oben quasi in Sichtweite und doch so unendlich weit entfernt von zu Hause abstellten, um sie einen Sommer lang los zu sein, machte das Kind trotz gelegentlichen Heimwehs nicht einfacher. Geduscht wurde einmal in der Woche. Im Badekleid. Immerhin gab es dort oben im Lehn, dem Himmel schon ein bisschen näher als in der Leuchtenstadt Luzern, auch andere Kinder, die, wenn sie nicht gerade mit Heimwehtränen umherliefen, meist fröhlich und zu Spässen aufgelegt waren. Vor allem gab es keine Haushälterin, die beim kleinsten Vergehen zum Teppichklopfer griff und mit der eindeutig erklärten Erlaubnis der Eltern mit dieser verlängerten Hand tüchtig zuschlagen durfte.

Kritisch wurde es für Ursula, als sie die Abwesenheit ihrer Eltern zu einem Rendez-vous mit einem Freund ausnützte, sich im Kleiderschrank der modebewussten Mutter bediente, sich gar ein teures Pelzjäckchen überzog, durchs Fenster stieg und der dumme Zufall es wollte, dass die Eltern etwas vergessen hatten, noch einmal zurückkamen und feststellen mussten, dass Ursula ausgeflogen war und erst spätnachts – die Eltern kehrten von ihren gesellschaftlichen Anlässen nie vor Mitternacht zurück – mit vor Erregung glühendem Kopf zurückkam. Nichts, aber auch wirklich nichts Unsittliches hatte sich in den paar Stunden mit dem gleichaltrigen und recht scheuen Jungen abgespielt. Im Pelz ihrer Mutter wurde sie in flagranti erwischt. Vaters Juristendeutsch vermischte sich mit Wörtern, die eher auf Misthaufen im Hinterland als in den Amtsstuben Luzerns gewachsen waren.

An die nicht enden wollende Auseinandersetzung erinnert sich Ursula auch heute noch ungern, hat nach weit mehr als 70 Jahren wohl auch einiges verdrängt, vergessen. Ganz genau erinnert sie sich jedoch, wie sie auf alle ihre persönlichen Wäschestücke und Kleider diese scheusslichen Bordüren mit den gleichen Initialen nähen musste, die sie zuvor schon in die Wand des Schulhausgangs geritzt hatte. Jeder Nadelstich trifft sie ins Herz. O doch, mit 85 Jahren spürt sie die Stiche genauso wie vor mehr als 70 Jahren.

«Sträflingskleider wurden mit Namen versehen. Dem Vater musste das bewusst gewesen sein. Mag sein, dass die Mutter aus Angst vor der drastischen Strafe zustimmte, ich könnte im aufreizenden Pelzjäckchen den jungen Burschen zu Handlungen gereizt und angestiftet haben, die gesellschaftliche Schande und Ächtung über die Familie gebracht haben würden.»

Sich für mehr Rechte der Frauen einzusetzen war etwas ganz anderes, als die pubertierende Tochter sexuell aufzuklären. Es kam zu keiner Einweisung in die Besserungsanstalt. Der ausgewachsene Skandal, obschon es in den ausgehenden 1940er-Jahren noch keine Boulevardpresse gab, wäre bei einem Vollzug kaum ausgeblieben. Die Tatsache, dass die Tochter des Schul- und Polizeidirektors sowie Musikfestwochengründers nur in einer Anstalt mit rigoroser Härte erzogen werden konnte, hätte das gesellschaftliche Leben Luzerns tiefer erschüttert als eine Schändung des Löwendenkmals oder das Konzert einer Guggenmusik in der Jesuitenkirche.

War vielleicht doch alles bloss eine rigide Drohung gewesen, ein Kaschieren des erzieherischen Versagens? Das Aufnähen der Initialen ein Wink mit dem Pranger? Dass sie heute, wie wahrscheinlich schon bald einmal auch damals, über die Reaktion ihrer der Pubertät ihrer Tochter nicht gewachsenen Eltern lachen kann, ist die eine, dass der Gedanke an das Fehlverhalten ihrer Eltern sie von Zeit zu Zeit immer noch traurig stimmt, die andere, vielleicht doch unbewältigte Sache.

Den traurigsten Moment ihrer ganzen Jugendzeit erlebte Ursula auf den Treppenstufen der reformierten Luzerner Lukaskirche. Tante Griti, die sie über alles verehrte und von der sie ebenso geliebt wurde, hatte gerade in der Kirche geheiratet, hatte ihr Adieu gesagt und fuhr jetzt mit ihrem Mann für immer davon, weg aus Luzern, weit weg über alle Berge hinüber ins Züribiet. Auf einen Bauernhof in Horgen Oberdorf. Amerika wäre nicht so schlimm, so endgültig gewesen. Ursula musste begreifen, dass Tante Griti für immer nicht mehr ihr allein gehören würde. So gern sie den Mann hatte, dem Tante Griti im Hochzeitskleid folgte, niemand hatte es Ursula zu sagen gewagt, aber sie wusste, die Frau, die ihr weit mehr bedeutete als die Mutter, würde nun für immer diesem Bauern aus Horgen Oberdorf zulächeln. Vorbei die Spaziergänge. Kein Knicks mehr vor extravaganten Engländern, nie mehr das Gefühl vermittelt bekommen, in der gleichen Welt zu leben wie diese Leute aus ebendieser grossen weiten Welt voller geheimnisvoller Inseln, zu denen man mit Schiffen reisen musste, gegen welche die Dampfer auf dem Vierwaldstättersee wie aus Zeitungen gefaltete Schiffchen aussehen mussten. Und dann, aufgeschreckt aus den Träumen und Tante Gritis Geschichten, die krächzende Stimme der Haushälterin, das widerliche Geräusch eines auf ihren Körper niedersausenden Teppichklopfers. Nie würde es ihre Mutter fertigbringen, ihr das gleiche Gefühl von Geborgenheit und Abenteuer zu vermitteln wie Tante Griti. Nie war die Mutter Ursula fremder als damals, als auf den Treppenstufen der Lukaskirche die Welt in einem Sturzbach von Tränen unterging. Winkend verabschiedete sich die Hochzeitsgesellschaft vom getrauten Paar, und niemand nahm Ursulas Desaster wahr. Zum ersten Mal in ihrem Leben war Ursula nichts als tieftraurig.

Wie ein fragwürdiger Ersatz für Tante Griti tat sich für Ursula eine ganz andere Welt auf. Nach den Konzerten der Internationalen Musikfestwochen gingen die grossen Interpreten, die zeitgenössischen Komponisten und Dirigenten im Haus ihrer Eltern ein und aus. Wie das völlig anders musizierende Duo Marthely Mummenthaler / Vrenely Pfyl es singend lapidar festhielt:

«Wänns dr ganz Tag au schüüli grägnet het,
so als es nümme höre wett,
chunnt am Abig ganz verstohle d Sunne uf,
seit gueten Abig no im Bett.
Nach em Räge schiint Sunne,
nach em Briegge wird glacht.»

Ursula hat auch heute noch viel übrig für Volksmusik. Weniger für Schlager mit abgelutschten, oft dummdreisten Texten. Wenn's echt und im positivsten Sinn bodenständig daherkommt, hat sie nichts gegen einen lüpfigen Ländler, einen freudigen Jauchzer, und wenn ihr Philip Jones vor ihrem Chalet in Grächen die Trompete mit dem Alphorn vertauschte, gab es ohnehin eitel Sonnenschein.

Ursula gewöhnte sich in Luzern an die Berühmtheiten, die aus den von ihrem Vater mitgegründeten Internationalen Musikfestwochen die wichtigste kulturelle Institution und aus der etwas kitschigen Leuchten- eine Musikstadt machten. Ursula wuchs mit lauter Highlights der klassischen und dank der vielen Auftragswerke Paul Sachers auch mit der modernen Musik auf. Enttäuscht, mag sie sich amüsiert erinnern, wurde sie, wenn sie davon ausging, wer die Musik Mozarts, Haydns, Beethovens, Bachs und Brahms' vollendet dirigiere und spiele, müsse nicht bloss ein unvergleichlich grosser Künstler, müsse auch ein schöner Mensch sein. Wenn nun ebendiese Künstler zu Tisch bei Walter und Maria Strebi kamen, wurde sie, der Wildfang und gelegentliche Trotzkopf mit einem latenten Hang zur Rebellion, aufgefordert, sich entsprechend zurechtzumachen und den Eltern keine Schande zu bereiten. Wenn ihr schon erlaubt wurde, sich im Glanz der grossen Stars zu sonnen.

Als die Mutter eines Abends den berühmten Komponisten Strauss ansagte, war die Enttäuschung gleich doppelt. Der schon etwas gealterte, nach Ursulas ästhetischen Vorstellungen nicht eben sehr attraktive Mann antwortete auf ihre Höflichkeiten, sie höre nichts lieber als «An der schönen blauen Donau», er sei leider nicht der Johann, er sei der Richard Strauss. Hätte sie damals gewusst, dass ebendieser Richard Strauss Giuseppe Verdi als Drehorgelmusikkomponisten verspottete, sie hätte ihren kindlich heiligen Zorn über den alten Lästerer ausgeschüttet.

«Dr Furti chunnt, mach ds Bett und vergiss ds Keilchüssi nid!», tönte es durchs Haus, wenn Wilhelm Furtwängler zu Gast kam und gar übernachtete.

«Furtwänglers langer Hals musste nach sehr spezieller Art und Weise gebettet werden.»

Und dann stellte Ursula überglücklich fest, dass es bis zum Zürichsee und nach Horgen Oberdorf bloss ein Katzensprung über den Albis war. Der Bauernhof, den sich Tante Griti angeheiratet hatte, war ein kleines Paradies. Es gab den Knecht Fritz, zu dem Ursula auf den Traktor steigen und über die in ihren Augen riesigen Felder und Äcker tuckern durfte. Noch grösser war der Besitz ihrer Tante und ihres Mannes, wenn sie den Zvierikorb zu Fuss auf die Felder und Äcker brachte. Das Brot, der Käse, der gelegentliche Speck und der Most hinterliessen einen Geschmack im Gaumen und in der Erinnerung, wie er nachhaltiger nicht sein konnte.

Ab und zu kam auch Grossvater Erni auf Besuch. Er war Maschinist auf einem Vierwaldstättersee-Dampfschiff und rauchte wahrscheinlich nicht nur in der Freizeit die krummen Zigarren aus Brissago. Ab und zu durfte sie einen Zug am feuchten Ende des brennenden Stängels tun. Ob der Rauch ihr schmeckte, weiss Ursula nicht mehr. Der nach Tessin und Maroni duftende Rauch der eigenartig geformten Zigarre mit dem Mundstück aus Stroh aber blieb auch ohne direkten Kontakt mit dem im wortwörtlichen Sinn starken Tabak haften.

Ursula war selbst viele Jahre eine sehr starke Gauloise-bleu-Raucherin. Als sie zusammen mit Mansel Bebb im Basement der Hamilton Terrace 14 einen grossen Teil des Londoner Musiklebens managte, soll es aus dem Fenster gequalmt haben, als würde dort unten die ganze Wäsche Paddingtons gekocht.

Der Grossvater war eine auffällige Persönlichkeit. Ein Mannsbild wie aus einem exklusiven Bilderbuch. Sein Bart war Legende. Gekleidet war er – eine Reminiszenz an die flanierenden Touristen am Schweizerhofquai – wie ein Engländer. Viel später stellte Ursula mit grossem Stolz fest, dass ihr Grossvater, wenn auch nicht Dampfschiffkapitän, so doch ein Ebenbild des grossen irischen Dramatikers George Bernard Shaw war.

«Ohne das Ebenbild meines Grossvaters hätte es kein Theaterstück *Pygmalion* und kein Musical *My Fair Lady* gegeben.»

Und immerhin sorgte Grossvater Erni ein Leben lang auf der fast ebenso berühmten Strecke Luzern–Weggis–Vitznau dafür, dass die mächtigen Maschinen der Dampfer ebenso zuverlässig funktionierten wie Shaws Theaterstücke auf den grossen Bühnen der Welt. Oft fuhr Ursula mit ihrem Grossvater die Strecke von Luzern über Weggis nach Vitznau und wieder zurück, stand an der Absperrung zum glänzenden Gestänge der schwingenden Antriebspleuel mit den aufgesetzten kleinen Ölkannen, die der Maschinist von Zeit zu Zeit zu überprüfen und gegebenenfalls aufzufüllen hatte. Dass der stattliche und repräsentative Mann, auf den es ankam, dass die Schaufelräder der majestätischen Dampfschiffe sich überhaupt drehten, ihr Grossvater war, erfüllte Ursula auf jeder Fahrt mit einem unbeschreiblichen Glücksgefühl. Die Musik aus den mächtigen und doch so leisen Schwingungen der gigantisch nimmermüden Maschine, das gelegentliche Zischen aus den Dampfventilen, das mystische Rauschen der Antriebsräder, das babylonische Gemurmel der staunenden Passagiere, die Ansagen zu den Anlegestationen, der Klang des Dampfhorns, als spielte eine Blechmusikgesellschaft mit lauter Tubas, prägten sich für immer ein. Die Erinnerungsbilder setzen sich heute noch wie zu einem Puzzle aus schier unendlich vielen Teilen zusammen.

Ursula war lange genug an den Schaltstellen der Musik, weiss, was das Orchester zum Spielen bringt, wo es ab und zu oder oft auch regelmässig den Maschinisten mit dem Ölkännchen braucht, damit der Dirigent auf dem Podium wie der Kapitän auf der Brücke den Takt angeben, den Rhythmus bestimmen kann und mit der Partitur nicht Schindluderei betrieben wird. Und was bedeutet die Partitur für ein Schiff?

Die Pläne des Schiffbauers, die Kombination aus Seetüchtigkeit und Maschine bis hinauf zum Signalhorn am Schornstein. All das Nautische, Rhythmische und Musikalische schien sich beim ersten Auftritt des Philip Jones Brass Ensembles an den Internationalen Musikfestwochen in Luzern zu einem Bild aus Ursulas Kindheit, zu einem Gesamtkunstwerk zusammenzusetzen. Vor allem dann, als Philip Jones nach dem vom Publikum mit Begeisterung aufgenommenen Konzert ein Arrangement seines Kollegen und besten Freundes Elgar Howarth des Volkslieds «Vo Luzärn gäge Wäggis zue» blasen liess.

Ein Künstler war Grossvater Erni auch. Wäre er nicht zu bescheiden gewesen und von der Devise ausgegangen, der Schuster habe bei seinen Leisten zu bleiben und der Binnenschiffer bei seinen kurzen Distanzen, Werkzeugen und Ölkännchen, sein Sohn Hans hätte es in den Fussstapfen seines Vaters nicht so einfach gehabt, auf seiner steilen, von vielen anderen Künstlern bis zu seinem 100. Geburtstag oft und mit viel Neid verspotteten Karriere voranzukommen.

An der von der hohen Regierung verordneten Winkelriedstrasse hatte der Grossvater im Estrich eine Werkstatt eingerichtet. Ein richtiggehendes Atelier. Dort oben unter dem Dach stand er vom Seegang unbehelligt mit beiden Beinen in einer ganz anderen Welt und schuf im Kleinen, wovon er geträumt haben mochte. Aus verschiedensten Materialien schuf er kleine, bis ins letzte Detail funktionierende Häuser, Küchen, Badezimmer, Wohnzimmer mit einer Bibliothek, Schlafzimmer mit einem Boudoir. Die Türen und Fenster liessen sich mit winzigen Griffen öffnen und schliessen, die Möbel waren Einzelanfertigungen. Nach Mass. Überall Lichtschalter. Ob es Licht wurde, wenn man sie kippte, Ursula weiss es nicht mehr. Erstaunen würde es sie nicht. Aussenstehende mochten die architektonischen Wunderwerke Puppenhäuser genannt haben. Einen so vollkommenen Krämerladen, wie ihn der Grossvater schuf, gab es in der ganzen Stadt nicht. Mechanische Spielzeuge entstanden. Ballerinen tanzten, Turner schwangen an Recken und Barren. Flugzeuge kreisten an kaum sichtbaren Drähten. Das minutiös nachkonstruierte Dampfschiff hingegen sank beim Stapellauf. Noch ein paar mehr Lebensjahre, und dem Grossvater wäre das Perpetuum mobile gelungen. Ein Zirkus unter einem wahrhaften Chapiteau lud zu Sensationen am Trapez, auf dem Hochseil ein. Clowns brachten das imaginäre Publikum zum Lachen, Dompteure peitschten Löwen, Tiger, Seehunde, Pferde und Elefanten durch die Arena. Den Zirkusmarsch brauchte man sich nicht vorzustellen. Hinter den geheimnisvoll vergitterten Fenstern der Zirkuswagen geschah Abenteuerliches.

Der älteste Sohn der Grossmutter Erni war ein liebenswürdiger Sonderling. Er rauchte wie ein Türke, manchmal wie der Schornstein von Grossvaters Schiff unter Volldampf.

Während Ursulas nicht allzu rühmlicher Gauloise-Zeit hätte man darauf wetten können, sie hätte statt der künstlerischen die ins Lasterhafte tendierenden Erni-Gene geerbt. Philip Jones litt unter der Sucht seiner Frau. Er brauchte saubere, frische, nicht nikotin- und teergeschwängerte Luft, wenn er aus seinem Instrument das herausholen wollte, was Händel für die Trompete komponierte. Jede von Ursulas tief inhalierten Zigaretten konnte ein Scheidungsgrund für die junge Ehe sein. Ob es Philip Jones mit seinen Drohungen wirklich ernst war, wollte Ursula gar nicht erst erfahren.

Mansel Bebb, der spätere legendäre Manager des Philharmonia Orchestra, gab das Rauchen nicht auf. Wer in der Festival Hall an der Southbank, der Residenz des Philharmonia Orchestra, nach Mansel fragte, brauchte bloss dem Rauch zu folgen, den er auf seinen Gängen durch das grosse Gebäude hinterliess. Jedermann fand schliesslich den brennenden Zigarillo.

Der älteste Sohn von Ursulas Grossmutters, Ursulas Götti Toni, war wohl auch so ein Kettenraucher. Er wurde nicht alt, qualmte sich buchstäblich zu Tode. In seinem Zimmer in der Erni-Residenz an der Winkelriedstrasse häuften sich die verschiedensten Schlag- und Stichwaffen zu einer unübersichtlichen, furchterregenden Sammlung von Mordinstrumenten. Nein, Ursulas Pate war in keinster Art und Weise gewalttätig. Friedfertig war er, nachgerade sanft. Aber was soll's. Vielleicht war es eben doch kein blosses Hirngespinst des berühmtesten Erni, dass sie in direkter Linie vom Helden von Sempach abstammten.

Hans Erni seinerseits war ein überzeugter Pazifist, hatte gegenüber Waffen nur Abscheu übrig. Dass sein älterer Bruder mit Speeren, Spiessen, Hellebarden, Streitäxten, Morgensternen, Katzbalgern, Ein- und Zweihänder-Schwertern eine Folterkammer, ein «Museum» einrichtete, an dem sich die kleine Ursula weniger störte als die anderen Familienmitglieder, musste ihm zutiefst gegen den Strich gegangen sein. Ob er vielleicht die Mär der Ernis von Winkelried erfand, um dem grausamen Spleen seines Bruders die Spitze zu nehmen, die Sammlung als stumpfes Arsenal, als Rumpelkammer derer abzutun, die sich zu Helden aufspielten, haufenweise feindliche Speere auf ein übergrosses Ego bündelten?

Hans Ernis bekanntes Plakat zum Waldsterben, die grausam klaffende Wunde am Hals eines vermenschlichten Baums, blieb in Ursulas Erinnerung tiefer haften als die meisten Werke ihres äusserst erfolgreich malenden Onkels. Hans Ernis Grafik ist es denn auch, auf die Ursula nichts kommen lässt.

Am Samstag lud Ursulas Grossmutter ihre Kinder jeweils zum Nachtessen ein. Es gab oft «Schnitz und Härdöpfel». Ursula war als Älteste der nächsten Generation auch eingeladen. Ihre Eltern hingegen drückten sich lieber um die samstäglichen Familientreffen.

Damit die Grossmutter auch einmal in den Genuss des Fliegens kam, schenkte ihr die Familie einen Flug nach London, wo Ursula schon heimisch geworden war und es fertigbrachte, mit ihrer Grossmutter in der königlichen Loge des Royal Opera House Covent Garden das Ballett *Schwanensee* zu sehen. Die Grossmutter genoss die Grossstadt in vollen Zügen. Einzig mit den Rolltreppen zu der Untergrundbahn kam sie nicht zurecht und schrieb Ursula nach der Heimkehr, sie habe mit grosser Genugtuung festgestellt, dass es neuerdings im Luzerner Warenhaus Nordmann auch so eine Einrichtung gebe, und sie werde dort, bevor sie wieder nach London komme, üben gehen.

3

Die Entführung ins türkische Bad

Die Clonter Opera in Chesire ist Schauplatz eines Querschnitts durch Gilbert & Sullivans komische Operette *The Gondoliers*. Eine Liebes- und Verwechslungsgeschichte. Eine äusserst vergnügliche Angelegenheit mit Melodien, die auch der unbedarfteste Zuhörer nachsingen zu können glaubt, eine Partitur voller Ohrwürmer. Ursula kennt den künstlerischen Direktor des ländlichen Opernhauses. Zu vergleichen mit dem renommierten Glyndebourne ist Clonter nicht.

John Christie baute in Glyndebourne für seine Frau, die Sängerin Audrey Mildmay, auf seinem Anwesen ein veritables Opernhaus, bei dessen Eröffnung 1934 Fritz Busch Mozarts Oper *Die Hochzeit des Figaro* dirigierte.

Jeffrey Lockett begann in Clonter mit einem Wohltätigkeitskonzert. Er räumte seine Scheune so auf, dass die allgegenwärtigen Strohballen zu Sitzreihen gestapelt werden konnten. Das Stroh wich mit der Zeit etwas bequemeren Sitzgelegenheiten, und der Clonter Farm Music Trust schuf sich mit einem vorbildlichen Ausbildungskonzept einen Namen, um den viele städtische Music Colleges die anfänglich belächelte Provinzbühne beneiden. *The Gondoliers* waren jedenfalls erfrischender als die auch im fernen, übergrossen und oft überheblichen London öfters etwas angestaubten, unendlich teureren Produktionen sattsam bekannter Werke.

Auf die Frage, wo *The Gondoliers* uraufgeführt wurden, geht das so typische strahlende ansteckende Lächeln über Ursulas Gesicht.

«In London. Im Savoy Theatre. Am Strand. An der Strasse vom Trafalgar Square zur Fleet Street.»

Diese Strasse kennt Ursula aus der Erfahrung einer passionierten Radfahrerin. Ein Freund aus ihrer Studentenzeit wurde nach einer beispielhaften gastronomische Karriere Generaldirektor des Savoy. Ursula nahm während einiger Zeit Klavierunterricht am City Lit, einer Erwachsenenbildungsinstitution in London. Nach den Lektionen fuhr sie die Keeley Street via Covent Garden zum Strand hinunter und bog beim Savoy Theatre in die einzige Strasse Londons mit Rechtsverkehr zum legendären Savoy ein. Ein livrierter Portier nahm das Rad Ursulas wie einen Rolls-Royce oder Bentley entgegen, ein anderer Hoteldiener führte «the best friend of the General Manager» an den illustren Gästen vorüber zum Lunch, zum Tee oder Dinner, was immer die Tageszeit vorgab, zu Herbert Striessnig, dem über viele Jahre hinweg charmantesten Österreicher in London. Dass mit seiner Pensionierung das Savoy viel von seinem Charisma verlor, ist auf die unnachahmlich dezente Herzlichkeit Herbert Striessnigs zurückzuführen und soll auch damit zu tun haben, dass seither kein Portier mehr das Rad einer stets gut gelaunten, für jede Handreichung äusserst dankbaren Dame wie ein Schmuckstück entgegennahm und nach einer Zeitspanne, die auf Geheiss des Generaldirektors nie gemessen werden durfte, wieder aushändigte, als wäre es ein königliches Gefährt.

Noch bevor das Hotel mit der exklusivsten Gästeliste of the British Empire vom Besitzer des Savoy Theatre ans Themse-Ufer gebaut wurde, fand also im gleichnamigen Theater die Aufführung von *The Gondoliers* statt. Gilbert & Sullivan waren alles andere als überzeugte Monarchisten und hatten mit dem viktorianischen Gehabe kaum etwas gemein. Kritik an der Monarchie aber war ein gefährliches Spiel. Da konnten die Melodien noch so beschwingt und von den Untertanen Ihrer Majestät noch so geliebt und glücklich nachgesun-

42

gen werden. Um den Schwierigkeiten mit dem aufs Korn genommenen Hof aus dem Weg zu gehen, siedelten sie die Handlung weit weg
von England in Venedig und im fiktiven Baratavia an. Dort durften
«Ungeheuerlichkeiten» wie «The Monarchy has been remodelled on
Republican principles» oder «When every one is somebody, then no
one's anybody» ohne Gefahr gesungen werden.

Ursula ist zwar durch Heirat Engländerin geworden, aber umso
unbestrittener blieb sie eine zu 100 Prozent der direkten Demokratie
verschriebene Republikanerin. Onkel Hans wäre bestimmt masslos
enttäuscht gewesen, würde eine Erni von Winkelried zur Monarchie
hinübergewechselt haben.

Ursulas Mutter war während ihres langen Lebens eine unerbittli-
che Kämpferin für die Gleichberechtigung und Gleichstellung der
Frauen. Als Ursula in England eingebürgert wurde, auf eine weisse
Bibel geschworen hatte, der Königin und dem Land treu zu dienen,
fand die Mutter diesen Schritt der Schweiz gegenüber illoyal, auf der
anderen Seite aber war die Tochter zu einem Recht gekommen, das
die Schweizer Männer in ihrer ungeheuerlichen Arroganz der Mutter verweigerten. Als Ursula zum ersten Mal ihren Abgeordneten
wählen ging, musste sie ihrer Mutter bis ins letzte und kleinste Detail beschreiben, was sie dabei empfand, wie die Wahlzettel aussa-
hen, ob es bloss eines Kreuzes oder eines ganzen Namens bedurfte,
unter wie vielen Kandidaten sie sich entscheiden konnte, wie, damit
alles mit absoluter Sicherheit mit rechten Dingen zuging, die Kon-
trollen funktionierten, wie ausgezählt wurde, wie lange es dauerte,
bis Resultate bekanntgegeben wurden. Der Neid auf die Rechte ihrer
Tochter war der Mutter ebenso anzusehen wie der Stolz, die Mutter
einer Tochter mit Stimm- und Wahlrecht zu sein.

«Sie hätte ja auch einfach den Vater fragen können», meinte Ursula.

Die Mutter wollte von einer Frau, nicht von einem dieser Männer erfahren, was ebendiese Männer ihr vorenthielten. Es stimmte schon, wenn in *The Gondoliers* die Forderung aufgestellt respektive gesungen wurde, wenn jede Frau jemand sei, sei keine mehr bloss irgendeine. Dass es sich bei den Männern nicht viel anders verhalte, war für Maria Strebi eine Quantité négligeable. Die Töchterhandelsschule Luzern war der erste entscheidende Schritt in die Emanzipation, für die Maria Strebi-Erni 107 Jahre gelebt hatte. Dass dabei die Rücksichtnahme auf ihre Tochter Ursula und die Zuneigung zu ihr zu kurz kamen, war der Preis für ihren gesellschaftlichen und finanziellen Erfolg.

Auch Tochter Ursula besuchte die Töchterhandelsschule, die «Kaderschmiede» der Luzernerinnen, und es schien in dieser Institution weder schulische noch disziplinarische Schwierigkeiten gegeben zu haben. Die unangepasste Ursula hatte ihren Weg gefunden oder sich mit den herrschenden Gegebenheiten abgefunden. War aus dem Somebody gar ein Anybody geworden?

Dass sie, die Tochter von Walter und Maria Strebi, von Kindheit an mit den international bekanntesten und besten Musikern und Künstlern vertraut war und mit ihrem angeborenen Charme, ihrer gewinnbringenden Art Freunde fürs Leben gewann, dass sie privilegiert war, dass sie von Connections, wie sie als Engländerin zu sagen berechtigt ist, profitierte, ist sich Ursula durchaus bewusst. Dass all das sie aber zu etwas Besonderem machte, bestreitet sie mit Vehemenz.

Schulkolleginnen aus der Töchterhandelsschule, denen sie statt einer simplen Klassenzusammenkunft London zeigt, können sich an nichts anderes als an die liebenswürdige, für alles Aussergewöhnliche offene, für jedes Abenteuer, aber auch für jede noch so kleine Hilfeleistung bereite Ursula erinnern. Auf die Frage, was denn das Aussergewöhnliche, die Abenteuer und ihre Selbstlosigkeit gewesen seien, lachen alle, sehen einander an und sagen übereinstimmend: «Ursula eben. Die gleiche Ursula, die uns heute auf die besten Plätze der Oper führt, die Southbank wie ihr Haus an der Hamilton Terrace kennt, mit Berühmtheiten ein und aus geht, in der Wigmore Hall jede Frau und jeden Mann kennt, die originellsten Restaurants geradezu zu besitzen scheint und vom Personal wie die geliebte Chefin begrüsst wird, welche die Schauspieler auf der Bühne ebenso persönlich kennt wie die Jazzer bei Ronnie Scott, in Glyndebourne für uns einen illustren Platz fürs Pausenpicknick reserviert, immer guter Laune ist und, wenn sie vielleicht einmal ein bisschen zu spät zum vereinbarten Treffpunkt kommt und wir alle hinter ihr herhasten, immer wieder alles ohne die geringste Verstimmung der Beteiligten auf die Reihe bekommt.»

War es mit Ursula tatsächlich immer schon so? Einhelliges Ja. Nach einer Oper in Covent Garden sitzt man im lange Zeit im positivsten Sinn verrücktesten Restaurant Londons zusammen, tauscht Meinungen zum eben Erlebten aus. Wenn Ursulas Freundinnen die *Zauberflöte* mit der grandiosen Diana Damrau als Königin der Nacht in den Himmel heben und mit heimischen Verhältnissen zu vergleichen beginnen, dabei immense künstlerische Unterschiede zugunsten des Royal Opera House feststellen, gelingt es Ursula, ohne auf ihre Erfahrungen zu pochen oder gar die unbestechliche Expertin herauszukehren, alle vom Schnürboden Covent Gardens herunterzuholen und sie darauf aufmerksam zu machen, dass die Oper und das Ballett am Luzerner Theater sich selbst neben dem Royal Opera House sehen lassen könnten.

«Warum hast du uns dann in diesen Tempel geführt und uns spüren lassen, was Grossartiges auf einer grossen Bühne geschehen kann?»

Ursula lacht. Der Wirt des Restaurants, das den der Umgebung adäquaten Namen Sarastro trägt, tritt an den Tisch, erkundigt sich, ob mit dem Essen, dem Trinken, überhaupt alles in Ordnung gewesen sei. Er legt den Arm um Ursulas Schulter, zieht die zierliche Frau wie eine beste Freundin an sich und will mit seinem umwerfend verschmitzten Lächeln wissen, wer denn die ausserordentlich attraktiven Damen seien, die sie ihm zu so später Stunde ins Lokal gebracht habe. Noch bevor Ursula ihm die Geschichte der Töchterhandelsschule der Stadt Luzern erklären kann, ruft King Richard, wie ihn seine Gäste nennen dürfen, einen Kellner heran, den bestaussehendsten notabene, gibt ihm eine Bestellung auf Türkisch auf. Einige von Ursulas Freundinnen haben wohl bereits ans Aufbrechen gedacht. King Richard flüstert etwas in Ursulas Ohr. Sie staunt, holt zu einer ablehnenden Handbewegung aus, Richard fällt ihr behutsam in den Arm und erklärt der Tafelrunde, dass es ihm ein grosses Vergnügen und eine noch grössere Ehre sei, die hübschen Mädchen aus einer schweizerischen Eliteschule zu Früchten, Käse und einem Glas Champagner einladen zu dürfen. Zuerst zaghaft, dann aber wie vor Kurzem in der Oper wird applaudiert. Aus den vielen im verwinkelten Lokal mit Balkonen, Logen und lauschigen Nischen angebrachten Lautsprechern singt Diana Damrau Mozart-Arien. Zwei Kellnerinnen und zwei Kellner tragen mächtige, vor Früchten überquellende Schalen und Platten mit mehreren Käsesorten zu den Tischen. Ein weiterer Kellner reicht Richard eine Flasche Champagner. Entsprechende Gläser werden aufgestellt, der Korken knallt, der Wein schäumt, die Stimmung überbordet. Richard setzt sich zu seinen speziellen Gästen an den Tisch und will hören, wie denn seine Freundin Madame Ursula als ganz junge Frau gewesen sei. Nein, nicht wie schön sie ausgesehen habe. Das sehe er selbst, und alle dürften sie ihm glauben, es gebe unter all den illustren Gästen, die Abend für Abend vor und nach den Aufführungen im Theaterdistrikt sein «Sarastro» füllten, keine schönere Frau als Madame Ursula. Applaus wie für die *Zauberflöte*, die Früchte, den Käse, den Champagner.

Mit dem Fahrrad sei Ursula von Luzern nach Zürich ins Kino gefahren. Der Albis wird zum Gotthard. Musik habe es in Luzern zur Genüge gegeben. Die besten Orchester, Solisten und Dirigenten der Welt würden jeden Sommer in der im Vergleich mit London winzigen Stadt Luzern auftreten. Wobei zu sagen sei, dass die Konzerte in Luzern vielleicht nicht für alle seien wie die Promenadenkonzerte in der Albert Hall, von denen Ursula ihnen vorgeschwärmt habe. «One had to be somebody and to be dressed well, black tie, as you say, um ins alte Kunsthaus eingelassen zu werden.» Und Ursula habe sie alle persönlich gekannt, sei mit Karajan, Furtwängler, Cantelli, Giulini, Hindemith, Menuhin, Schwarzkopf und wie sie alle hiessen ebenso eng befreundet gewesen wie mit ihnen, ihren ehemaligen Schulkolleginnen, und vielen anderen Menschen. Aber für die Filme, vor allem für die ganz grossen französischen, sei sie mit dem Velo nach Zürich gefahren, dann weiter nach Horgen Oberdorf zu einer Tante ins Heu und am frühen Morgen wieder zurück nach Luzern. Pünktlich zum Schulbeginn.

«Bitte keine hanebüchenen Übertreibungen. Vor allem ist der Albis nicht mit dem Gotthard gleichzusetzen», winkt Ursula ab.

King Richard, ein türkischer Zypriote, ein Ottomane und Orientale, liebt Geschichten, die nicht zu stimmen brauchen, dafür aber umso stimmiger daherkommen müssen. Nach dem Diplom der Töchterhandelsschule der Stadt Luzern habe Ursula in nur einem Jahr an der Kantonsschule die Matura geschafft und in Genf und Heidelberg im Handumdrehen mit Auszeichnung das Übersetzerdiplom ausgehändigt bekommen. Einer ihrer Kommilitonen im schönen Heidelberg – Richard kennt selbstverständlich das in Heidelberg verlorene Herz – sei später Bundesrat und Bundespräsident geworden. Nein, Ursula habe ihr Herz nicht an ihn verloren. Sozialist, der er gewesen sei.

Richard erzählt die Geschichte vom Botschaftsangestellten, der die Frau des Schweizer Präsidenten in die Oper begleiten musste. Der Big Boss habe währenddessen an der Downing Street das Bankgeheimnis und die namenlosen Konten zu erklären versucht. Nach der *Entführung aus dem Serail* – «you know, Mozart had Turkish blood, otherwise he would not have been able to compose that very Turkish story» – kam der junge Mann – «one of my best friends in the diplomacy with a great career ahead» – mit der Frau des Präsidenten zum Candle-Light-Dinner.

Ursula kennt die Geschichte. Ob sie für ihre früheren Kolleginnen, die wahrscheinlich mit dem skurrilen und nicht immer der letzten Wahrheit entsprechenden Humor des «Sarastro»-Wirts etwas überfordert sein könnten, kompatibel war, wagt sie zu bezweifeln. Die älteren Damen hatten von den verführerischen Früchten, vom reifen Stilton, Cheddar und Co. genascht, grosszügig an den Champagnergläsern genippt.

«Jetzt sei doch nicht prüder, als wir damals als Teenager waren», überstimmen sie Ursula.

Richard erkundigte sich bei der Frau des Bundespräsidenten, ob sie mit dem Empfang, dem Service, den Getränken, dem Essen, der Musik aus den Lautsprecherboxen, dem Ambiente im Lokal zufrieden sei. «Thank you, Maestro. More than that.» Charmant gingen die Komplimente eine Zeit lang hin und her. Ein Lächeln gab das andere. Man war sich sympathisch, der Botschaftsangestellte fühlte sich erleichtert. Nicht immer war das «Sarastro» nach dem Geschmack der Gäste aus der Schweiz. Richard erkundigte sich, wie es denn so sei, mit einem Mann verheiratet zu sein, der seine Gattin mit einem subalternen Angestellten in die Oper schicke und selbst mit dem Premierminister oder gar der Queen diniere. Die Frau des Präsidenten mochte die charmante, wenn vielleicht auch etwas direkte und unbekümmerte, aber äusserst liebenswürdige Art des Wirts dieses auf des Messers Schneide zum Kitsch ausstaffierten, sich in Gold,

schweren Stoffen und nicht über alle Zweifel erhabener Kunst überbietenden Restaurants. Man gewöhne sich an die beruflich bedingte
Abwesenheit des Gatten und komme, wie er ja gerade sehe, in den
Genuss spektakulärer Alternativprogramme. King Richard verstand,
rutschte ein klein bisschen näher. Er bewohne um die Ecke, drüben
im Crown Court, ein Penthouse mit einem echten marmornen tür-
kischen Bad. Richard behauptet, die Frau des Präsidenten sei auf das
selbstverständlich ohne jeden Hintergedanken gemachte Angebot
eingegangen. Es stimmte selbstverständlich nicht, war aber in seinen
märchenhaft ausschweifenden Erzählungen stimmig. Der Botschaftsangestellte sei vor Entsetzen durch eine Ritze in der Royal Box des
«Sarastro» abgetaucht, habe in Gedanken bereits sein Demissions-
schreiben zurechtgelegt.

Einiges, weiss Ursula dank ihrer besten Kontakte zur Botschaft,
entspreche durchaus einigermassen dem tatsächlichen Geschehen.
Zumindest der Brief der präsidialen Gattin. Sie bedankte sich bei
ihrem diplomatischen Begleiter für den aussergewöhnlichen Abend.
Es sei schon ziemlich lange her, seit sie von einem über allen Verdacht erhabenen Mann in ein Penthouse mit türkischem Bad eingeladen worden sei. Ein stimmiger Brief, beendet Ursula die Märchen-
stunde aus King Richards «Tausendundeiner Nacht».

Dass Ursula kein Geld für Taxifahrten ausgibt, hat sich in ihren
Wirkungskreisen herumgesprochen. Dass sie das so ersparte Geld
tatsächlich als Zustupf für einen jungen Blechbläser einsetzt, wird
mancherorts angezweifelt. Nicht so von Richard. Er, ein mediterra-
ner Opernliebhaber ohnegleichen. Er, der seine Musikanlage auch
dann nicht leiser stellt, wenn Gäste, die sich unterhalten möchten,
ihm klarmachen wollen, sie verstünden das eigene Wort nicht mehr,
macht diese Gäste ebenso eindeutig darauf aufmerksam, dass er es
geniesse, zu grosser Musik zu essen und zu trinken – und dazu zu
schweigen. Gewöhnliche menschliche Stimmen störten die von Ge-

nies wie Mozart, Donizetti, Puccini und Verdi geschaffenen Werke. Selbst wenn Wagner sich die Ehre gebe, sollte nicht gesprochen werden. Oder dann allerhöchstens Deutsch, das seine Freundin Ursula perfekt beherrsche, aber sich lieber in *Tristan und Isolde* vertiefe, als nachzuplappern, was ohnehin niemand verstehe.

Ursula lässt sich gerne von Richards Fahrern im mitternachtsblauen Rolls-Royce Phantom Six nach Hause fahren. Richard ist ein enthusiastischer Liebhaber alter, exklusiver Autos. Er wäre, liess er sich gelegentlich vernehmen, auch gerne ein Verehrer schöner Frauen, aber alles bringe er nicht unter den Hut über seinem angegrauten, stets kurz geschnittenen Haar. Alles, damit meine er sein wahrscheinlich auf die eine oder andere Seite der stilistischen Messerscheide gefallenes «Sarastro», seine Leidenschaft für Opern und seine Besitzerbesessenheit, wenn er einen Oldtimer für seine Sammlung im speziell für die wertvollen Karossen gebauten Haus auf Zypern antreffe. Auf den vorderen Kotflügeln seines Phantom Six sind Standarten angebracht, die keinem Staat oder Königshaus zugeordnet werden können. In London, wenn Richards liebste Gäste spätnachts durch die Menge der Theatergänger nach Hause gefahren werden, gehen die meisten Zaungäste davon aus, das wunderschöne Fahrzeug sei unterwegs zum Buckingham-Palast oder zu einer anderen königlichen Residenz. Wenn Ursula im Fond sitzt, allein, vielleicht mit dem letzten Glas Champagner in der Hand, geht die Phantasie auch mit eingefleischten Gegnern der Monarchie durch. Auf die definitiv unangebrachte Frage eines an Ursulas gemeinnütziger Gesinnung zweifelnden Bekannten, ob sie auch dann noch einen schönen Batzen in ihre mit Young Brass angeschriebene Piggy Bank stecke, wenn sie wie die Queen of Sheba in König Salomons Karosse an die noble Hamilton Terrace gefahren werde, antwortet Ursula: «Dann erst recht. Und ich verdopple den üblichen Fahrpreis.»

Während ihrer Studien in Heidelberg und Genf reiste Ursula oft per Autostopp, was damals gang und gäbe war. Nicht allein. Nein. So leichtsinnig war sie dann doch nicht. Sie ging zwar nie oder kaum davon aus, es könnte Männer geben, die darauf aus sein könnten, ihre Unbeschwertheit als Unbekümmertheit auf die eine oder andere Art auszunützen, die sie sich gar nicht erst vorstellen wollte, nicht vorstellen konnte. Leichtgläubigkeit wäre jedenfalls ein falsches Attribut für eine Frau, die ein Leben lang davon ausging, es sei den Menschen in erster Linie zu trauen. Auf jeden Fall nicht von vornherein zu misstrauen. Dass diese ihre Einschätzung ausgenützt werden könnte, schob sie vielleicht doch ab und zu zu leichtfertig von sich.

In der Welt der Musik ist Neid und Missgunst trotz aller hehren Kunst nicht auszuschliessen, und in der Wissenschaft werden die Ellbogen nicht minder eingesetzt. Vehement verteidigt Ursula ihre Devise, dass sich sowohl im Musikbusiness wie im akademischen Wettstreit die Meisterschaft durchsetze und sich die Spreu letztlich vom Weizen trenne.

Als bei ihrer hochbetagten Mutter die Brillanz im Umgang mit ihrem Vermögen und der Maria und Walter Strebi-Erni Stiftung etwas an Glanz einbüsste und sie vielleicht ihr phänomenales Gespür für Sicherheit und Übersicht altershalber etwas verlor, sah sich Ursula, die wegen ihrer Heirat mit dem damals nicht standeskonformen Philip enterbt worden war, trotzdem mehr und mehr mit Geldfragen konfrontiert. Aber weitab vom Geschehen in Luzern und mit ihren vielfältigen Aktivitäten in London mehr als nur ausgelastet, musste Ursula erfahren, dass man ihre über hundert Jahre alte Mutter und sie, die Archäologin und für ihre Verdienste an der Musik von der Königin dekorierte Förderin, auszunützen versuchte. Sie, die immer mehr in öffentlichen Verkehrsmitteln unterwegs war und oft genug die Anweisungen für Notfälle gelesen und gehört hatte, zog im letzten noch möglichen Moment die Notbremse, gestaltete nach zu offensichtlichen Ungereimtheiten den Stiftungsrat um und verlässt sich heute auf Leute, die nicht zum Luzerner Filz gehören. Vorbei die Unbekümmertheit der Autostopperin. Keine Abenteuer mehr, die zwar immer gut ausgingen, aber immer auch ein Risiko bargen?

«Meine wechselnden Begleiterinnen und ich machten es uns zum ungeschriebenen Gesetz, die anhaltenden Autos zumindest einer optischen Prüfung zu unterziehen. Die Rückzugsmöglichkeiten vom Strassenrand, wenn statt einer schnittigen Limousine ein klappriger Lastwagen stoppte oder die Blicke eines Fahrers uns nicht gefielen, waren stets gewährleistet.»

Ab und zu liess sich die Studentin Ursula auch von den Beziehungen ihrer Eltern verführen. Weshalb sollte sie denn auf Vorteile verzichten, wenn Vater und Mutter mit der halben Welt der Erfolgreichen, Schönen und Reichen bekannt, mit vielen befreundet waren? Weshalb in Florenz die Gelegenheit, im Grandhotel durch die Bekanntschaft mit dem Besitzer des «Wilden Manns» in Luzern zu einem Zimmerschlüssel weit ausserhalb ihrer finanziellen Möglichkeiten zu kommen, nicht nutzen? Oder in Rom nicht dort absteigen, wo Wilhelm Furtwängler, ein Intimfreund ihrer Eltern, auch abstieg? Zudem konnte ihr nach dem Erwerb des Übersetzerdiploms niemand mehr drohen, in eine Besserungsanstalt eingewiesen zu werden, konnte sie keine Mutter der Welt dazu zwingen, ihre Initialen auf ihre Wäsche zu nähen, sie mit den Buchstaben «US» zum Nobody zu stempeln. Sie beherrschte, erst 22 Jahre alt, vier Sprachen und war, ohne sich dabei zu überschätzen, bereit, die Welt zu erobern. Zweifel hatte sie einzig wegen ihrer nicht sehr profunden Kenntnisse der englischen Sprache. Daran, fühlte sie, musste sie noch arbeiten, und sie erinnerte sich, wie sie an der Hand Tante Gritis den englischen Touristen auf dem Luzerner Schweizerhofquai zugezwinkert hatte und davongerannt war, wenn sie von einem

Lord, Gentleman oder einer Lady angesprochen wurde. Also nichts wie ab nach England.

Richard, der oft überbordende Wirt des Restaurants Sarastro in London, besass nebst seinen Oldtimern ein sehr skurriles Flugobjekt, mit dem er in Neumondnächten zum Erdtrabanten abhob. Bevor er an der Drury Lane in Covent Garden zur Institution wurde, betrieb er im Süden Londons in einem leer stehenden Shoppingcenter das Kultlokal Caligula. Als Tribut an den namengebenden römischen Kaiser holte er jeweils den von Caligula verlangten Mond vom Himmel. «For sure, dear Ursula.»

Nein, Ursula flog nie mit. Der Wunsch hingegen, Unfassbares zu erreichen, gefiel ihr.

4

Weichenstellung in Arth-Goldau

Am 8. August 1954 gab das Philharmonia Orchestra unter der Leitung Herbert von Karajans sein Debüt an den Internationalen Musikfestwochen in Luzern. Das Konzert mit Werken von Brahms, Mozart und Ravel wurde zum überragenden Erfolg. Nicht zuletzt für Walter Legge, der sein Philharmonia Orchestra 1945 gegründet hatte. Legge war ein englischer Schallplattenproduzent, ein aussergewöhnlicher Kenner der klassischen Musik und radikaler Perfektionist. Ab und zu unzufrieden mit den Leistungen der für die Aufnahmen verpflichteten Orchester, verwirklichte er seinen Wunschtraum nach seinem eigenen Orchester, das er für seine Aufnahmen trimmen, dem er seinen Sound abverlangen konnte. Dass Herbert von Karajan und Wilhelm Furtwängler nach dem Krieg zügig entnazifiziert wurden, verdanken beide Walter Legge. Er förderte unter anderen die junge Elisabeth Schwarzkopf und heiratete sie.

Durch die Internationalen Musikfestwochen Luzern war Ursulas Vater mit Walter Legge sowohl geschäftlich als auch freundschaftlich verbunden. Was Wunder, dass Ursulas Wunsch, in England auf eigenen Füssen zu stehen, nicht mehr abhängig zu sein von Eltern, welche die Erziehung ihrer Tochter über Jahre hinweg delegierten, von Vater Strebi an die Hand genommen wurde. Er verschaffte ihr einen Job als Orchestersekretärin beim Philharmonia Orchestra.

Obwohl ihre Affinität zu den Engländern bei einem kurzen Aufenthalt während der Osterferien in der Nähe von Leeds etwas gedämpft worden war, packte sie für das Philharmonia Orchestra sogleich ihren Koffer und war bereit, das Abenteuer England und die Selbstständigkeit ohne Wenn und Aber anzutreten. Selbst nachdem sie als Short-Time-Au-pair nicht besonders begeistert war, die langbeinigen Unterhosen ihres schier unendlich gross gewachsenen storchenbeinigen Landlords immer wieder waschen zu müssen. Ihre Abneigung gegenüber dem unansehnlichen Kleidungsstück legte Ursula ein Leben lang nicht ab. Die Long Johns machten für sie jeden Mann, auch wenn er darüber in noch so exklusives englisches Tuch gekleidet war, zu einem Mannsbild, dem sie schon als Kind am Luzerner Schweizerhofquai bestimmt nicht zugezwinkert hätte. Wilhelm-Busch-Figuren, denen Max und Moritz ungestraft Maikäfer ins Bett legen durften, waren sie in ihren noch so oft gewaschenen Long Johns.

Das Philharmonia Orchestra ist auf einer Europatournee, reist von Zürich nach Mailand. Ursula fährt mit dem Zug von Luzern nach Arth-Goldau, steigt auf der Rückseite der Rigi aus, wechselt den Perron, der Zug nach Milano fährt ein, sie findet die Musiker, stellt sich ihnen vor, setzt sich ihren Blicken aus, stellt fest, dass kaum jemand weiss, was es mit der jungen Frau auf sich hat, was sie mit dem Orchester zu schaffen haben soll. Also eine Protegé des Big Boss.

Ursula kennt das. Im nicht ganz für alle offenen Haus ihrer Eltern erlebte sie hautnah, wie wichtig es ist, im richtigen Moment die richtigen und wichtigen Leute zu kennen, in den Kreis derer aufgenommen zu werden, welche die entscheidenden Wegweiser auf den Erfolgsrouten zu stellen vermögen, Umwege begradigen, Hindernisse abbauen, die Road Maps zu noch einflussreicheren Leuten zu erstellen befähigt sind.

Entlang des Urnersees nimmt Ursula Abschied vom stillen Gelände, das sie vom Dampfschiff ihres Grossvaters aus so oft bewundert und dazu die Melodie zu Schillers Text aus *Wilhelm Tell* zum

Rhythmus des Antriebmotors, dem Auf und Ab der goldglänzenden Pleuelstangen und Kurbelwellen mitgesummt hat. Sie wartet auf die Kirche von Wassen, sieht den Moment gekommen, ihren bestimmt nicht ortskundigen Begleitern ein Phänomen zu zeigen und zu erklären, das auf dem ganzen europäischen Eisenbahnnetz einmalig ist.

«Now! Attention please. Up there on the right hand side you will recognize a little church, which we will see three times on three different levels. First there high up, hundreds of meters above the track, then on the same level and the third time we will look down to the little church of Wassen from much higher up.»

Ihre enthusiastische Führung durch die Kehrtunnels bei Wassen, denkt sie heute, müsse wie Emils berühmte Kabarettnummer «Regardez la l'église» dahergekommen sein. Immerhin ging ihr Versprechen, auf der Südflanke des Gotthards werde das Wetter sich von einer ganz anderen, bereits mediterranen Seite zeigen, in Erfüllung.

Dann überstürzten sich die Ereignisse. Ursula kann sich nur mehr erinnern, dass sie am Abend ihrer Ankunft in Mailand in einer Loge der Scala sass. Zusammen mit Arturo Toscanini und Sergiu Celibidache. Beide Bekannte ihrer Eltern. Die Göre Ursula ist zu einer attraktiven jungen Frau herangewachsen, und sowohl Sergiu Celibidache als auch Arturo Toscanini gehören zu den Künstlern, deren Äusseres dem Bild Ursulas von begnadeten Männern durchaus entspricht. Und Herbert von Karajan dirigierte! Es muss ein grosser Abend gewesen sein. Aus der Sicht von heute eine Sternstunde.

Das Abenteuer London, in Arth-Goldau mit vorteilhaft gestellten Weichen durch die Kehrtunnel bei Wassen, durch den Gotthard, hinunter durch die Leventina nach Mailand und dort in die Loge zusammen mit dem Mann, der bei der Abdankung von Giuseppe Verdi einen riesigen Chor zum letzten «Va, pensiero, sull'ali dorate» dirigierte. Was konnte jetzt noch schiefgehen! Sechs Monate waren für das Studium der englischen Sprache eingeplant. Dass über

60 Jahre daraus wurden, konnte niemand ahnen. Doch der Weg war von zu einflussreichen Händen vorgezeichnet. Mitten hinein in die Musik war sie geraten, in eine Welt, in der sie zumindest am Rand aufgewachsen war. Jetzt aber würde sie anders wahrgenommen werden als an den wenig kindergerechten Empfängen der Internationalen Musikfestwochen. Ab sofort wollte sie nicht mehr gähnend neben denen stehen, die den Künstlern gönnerhaft zu verstehen gaben, ohne ihren Einfluss würden sie nicht im Frack aufspielen können und sähen die Häppchen zum Champagner nur von fern. Jetzt würde sie aktiv mitgestalten, verantwortlich sein dafür, dass ein grosses Orchester funktionierte, auftreten konnte, gehört wurde.

In der Töchterhandelsschule der Stadt Luzern hatte sie die wichtigsten Voraussetzungen für ein eigenständiges Leben mitbekommen. Und der Slogan stimmte. Sie kommunizierte schriftlich und mündlich in den wichtigsten Sprachen, konnte perfekt Buch führen, beherrschte das Zehnfingersystem auf der Schreibmaschine, hatte einigermassen profunde Kenntnisse der Geschichte des eigenen Landes und der Welt, hatte die zentralsten Anstandsregeln vermittelt bekommen, hatte sich in einen nicht sehr grossen, aber wahrscheinlich repräsentativen Teil der Literatur eingelesen. Ging es ums Reisen, hatte Ursula nicht bloss eine vage Ahnung, wo genau sie sich am Ziel befand. Über die sogenannte Eisenbahngeografie zu spotten ist nicht nach Ursulas Gusto.

Am amüsanten Beispiel, wie Geografie nicht vermittelt werden sollte, erzählt Ursula gerne die wahre Geschichte der Tochter eines Freundes. In der fünften Volksschulklasse ging es darum, anhand einer blinden Karte die stehenden und fliessenden Gewässer, die Berge und Höhenzüge, die Ortschaften und Bahnverbindungen des Amts Entlebuch im Kanton Luzern zu repetieren und an einer Prüfung die Sattelfestigkeit zu beweisen. Die Tochter des Freundes bekam für die als äusserst schwierig bewertete Prüfung die Höchstnote.

Ein paar Tage später fuhr die Familie mit dem Schnellzug durch ebendieses Entlebuch nach Bern. Nicht fahrplanmässig blieb der Zug wegen eines geschlossenen Signals im Bahnhof von Schüpfheim stehen. Direkt vor dem Abteilfenster der reisenden Familie stand die blauweisse Anzeigetafel mit dem Namen Schüpfheim. Die elfjährige Tochter buchstabierte die Ortschaft, lehnte sich aus dem Fenster, sieht das Bahnhofsgebäude und die unmittelbare Umgebung. Alles absolut realistisch. Sie reibt sich noch einmal die Augen, setzt sich ins Abteil zurück und sagt: «Schüpfheim. Wer hätte gedacht, dass es diesen Ort tatsächlich gibt!»

Ganz so schlimm sei es weder an der Töchterhandelsschule noch am Gymnasium oder der Universität gewesen. Viel Theoretisches, das sie später nie anwenden konnte, sei zweifelsohne aber schon vermittelt worden. Auch sprachlich. Der Subjonctif und das Passé simple. Da sei ihr die Französischlehrerin wie kaum eine andere Lehrperson wegen ganz anderer Stunden in bester Erinnerung geblieben. Entweder hatte man die Grammatik bald einmal begriffen, oder man liess sie mehr oder weniger bleiben, verliess sich aufs Gehör und gut Glück. Viel mehr Zeit wandte die Lehrerin für die französische Literatur und die Kunstgeschichte vergangener Zeiten auf. Richtiggehend begeistern konnte sie ihre Schülerinnen. Rabelais zum Beispiel. Ursula gerät ins Schwärmen. *Gargantua et Pantagruel.* Aber auch Maupassant. *Le jeu del'amour et du hasard.* Dann Camus. *L'Etranger. La Peste.*

Ob sie durch die Lektüre grosser Literatur ebenso geprägt wurde wie durch die Musik, der sie schliesslich ihr Leben verschrieb, weiss sie nicht, will es wahrscheinlich auch gar nicht wissen. Eine grosse Leserin ist sie ohnehin.

Eine andere Lehrerin, schlicht Miss wurde sie genannt, begeisterte Ursula für die englische Literatur. Die Verse eines anonymen Dichters begleiten sie bis heute.

«A wise old owl sat in an oak
The more he saw the less he spoke
The less he spoke the more he heard
Why can't we all be like that bird?»

Bücher, leider auch noch nicht gelesene, stapeln sich im Büro, im Wohnraum, auf ihrem Nachttisch. Noch höher stapeln sich die CDs. Ein Abspielgerät ist vorhanden. Die Zeit jedoch, sich all das anzuhören, was sie dauernd zugeschickt, überreicht, geschenkt bekommt, fehlt.

Musik hört sich Ursula lieber live an. Sie will die Leute an den Instrumenten erleben. Musik muss sie unbedingt auch sehen. Ihr Auge ist ihrem Ohr ebenbürtig. Dass einmal eine Zeit kommen könnte, in der sie in London die weiten Wege zu den vielen Konzertsälen nicht mehr leichten Fusses schafft und sowohl akustisch wie auch optisch auf elektronische Geräte, noch mehr elektronische Geräte angewiesen wäre, will sie sich vorläufig nicht ausmalen.

In England, zumal in London, war dann sowieso alles anders, als sie es sich in ihrem bisher wenig spektakulären Leben gewohnt war. Eine ziemlich übertriebene Untertreibung, was das Ausserordentliche betraf. Ursula eben. Das Spektakuläre, meint sie, findet immer ausserhalb statt. Nicht dort, wo sie ihren Einfluss geltend machen kann. Wenn sie denn überhaupt je irgendwo Einfluss genommen haben sollte. Dass Bescheidenheit eine Zier ist, macht erst in Ursulas Umfeld Sinn. «Da hast du nun aber wirklich etwas verpasst», hört man sie immer wieder feststellen. Lange bevor die sozialen Medien dazu aufforderten, Erlebtes mit anderen zu teilen, war es Ursulas Anliegen, Schönes, Aufregendes, Aussergewöhnliches gemeinsam zu erleben. Live zu erleben.

Der Einstieg als Orchestersekretärin beim Philharmonia Orchestra war nicht teilbar. Ursula wurde zuerst einmal ins nicht sehr warme Wasser des englischen Währungssystems geworfen und hatte mit Guinea, Pfund, Shilling und Pence zu rechnen. Ein Albtraum. Kam dazu, dass kein Musiker festangestellt war. Vom ersten Geiger bis zum Mann oder der Frau mit dem Triangel waren alle Freelancer. Obwohl sich das Orchester aus ständigen Mitgliedern zusammensetzte, mussten die Musiker für jedes Engagement individuell gebucht und je nach Programm und Repertoire ausgewählt werden. Es war die mit sehr viel Fingerspitzengefühl und profunden Kenntnissen der Musikszene auszuführende Arbeit des Fixers. Ursula lernte diesen Job von Grund auf kennen, musste sich in dem oft auch seichten Karpfenteich, in den sie für ein paar Pfund in der Woche geworfen wurde, gegen allerlei raub- und profitgierige Hechte behaupten. Es war, im Nachhinein gesehen, die harte und trotz einiger Hinterhältigkeiten beste Schule für ihre spätere Tätigkeit als Orchestermanagerin des von ihr mitgegründeten English Chamber Orchestra. Die Musiker wurden pro Einsatz und Aufführung bezahlt. Das Geld für die Gagen hatte jederzeit vorhanden zu sein. Die Gewerkschaften waren Mitte des letzten Jahrhunderts noch viel mächtiger, als sie zum Teil heute noch sind. Sich mit ihnen anzulegen, ihren geschriebenen oder ungeschriebenen Gesetzen aus Unachtsamkeit nicht gerecht zu werden, war ein absolutes No-Go. Es gab Phasen in ihrer Zeit als Fixerin, dass Ursula gleich mehrere Orchester in ihrer Obhut hatte.

Es waren die grossen Jahre der West-End-Musicals. Swinging London war in aller Munde. Die Theater überboten sich mit musikalisch untermalten Stücken, wie sie Gilbert & Sullivan schon vorgezeichnet hatten. Singend und tanzend wurden mehr oder weniger gute Geschichten erzählt. Rogers and Hammerstein sorgten für volle Kassen. Die Nachfrage nach Schauspielerinnen und Schauspielern, die gleichzeitig tanzen, steppen und singen konnten, war gross.

Und es brauchte Musiker. Lange beherrschten jüdische Fiddler die West-Side-Musicalszene. Frauen waren in den engen Orchestergräben eher selten anzutreffen. Der unerwartete Erfolg der Musicals brachte es aber mit sich, dass die Marktverhältnisse sich rigoros änderten. Es wurden Musiker gesucht, die dem neuen Genre, dem Sound, dem Groove zugetan waren, quasi aus dem Orchestergraben mittanzten, die Steppschritte übernahmen, den Rhythmus nicht nur vorgaben, ihn zum Kollektiv machten.

Ob Ursula die Chance gewittert hatte, im West End an vorderster Front mitzuspielen, weiss sie nicht mehr, will sie aber auch nicht ganz ausschliessen. Wenn sie im Drury Lane Theatre bei einer Aufführung von *My Fair Lady* im obersten Rang, wo wie in fast allen Theatern und Konzertsälen die Akustik am besten ist, wie auf Nadeln sitzt und mit jedem Song all die Erinnerungen aus den Anfängen ihrer Londoner Zeit lebendig werden, zeigt sich ihr untrügliches Gespür für die Musik auf eine ganz andere, nicht weniger intensive Art, als wenn sie sich in der Festival Hall mit all ihren Sinnen dem Simon Bolivar Youth Orchestra, Gustavo Dudamel und Olivier Messiaens *Turangalîla* hingibt.

Es war eine wilde Epoche, damals in Swinging London, wenn sie zu den hektischsten Zeiten für fünf West-End-Orchester verantwortlich war, pausenlos neben ihrer gewohnten Arbeit auf der Suche nach Musikerinnen und Musikern, die für die Theater und ihre Musicals bereit waren, wöchentlich an sechs Abenden und an zwei Matineen zu spielen und, nebst anderen, anspruchsvolleren Engagements, mit leichteren, beschwingteren Melodien und Rhythmen ihre Gagen aufzubessern.

Nicht nur bei den grossen Orchestern achteten die Gewerkschaften strikt darauf, dass sich ihre Mitglieder bedingungslos an die Vorgaben hielten. Alles war bis ins kleinste Detail reglementiert. Ohne den Segen der Gewerkschaft ging nichts. Ob die Musiker wohl deshalb vertragslos arbeiteten? Die Gewerkschaft sorgte für die soziale

Sicherheit ihrer Mitglieder. Die Gagen gaben nicht die Künstler vor, sie waren eine Angelegenheit zwischen den Orchestern, den Theatern und den Gewerkschaften. Wären die Musiker von den Orchestern fest angestellt gewesen, die Gewerkschaften hätten zweifelsohne an Einfluss eingebüsst.

Jeden Freitagabend war Ursula im 159er-Bus mit den Gagen ins West End unterwegs. Pünktlich hatte sie die wiederverwertbaren Umschläge abzuliefern. Wehe, wenn sie zu spät eingetroffen wäre. Ohne Gage kein Ton. Ursula kam nie zu spät. Ausgeklügelte Routenpläne sorgten für die kürzesten Wege von einem Theater zum anderen. Zum grossen Glück, sagt sie, umfasst das West End ein nicht allzu grosses Gebiet, häufen sich die Theater mehr oder weniger in einem überschaubaren Revier. Wenn heute von Logistik die Rede ist, Weg, Zeit und Ort in Computerprogrammen gespeichert und jederzeit abrufbar sind, schrieb Ursula das meiste von Hand auf entsprechend gekennzeichnete Zettel. Dass unterwegs nichts verloren ging, die abgefüllten Kuverts auf den letzten Penny genau mit den Namen der Musiker übereinstimmten, darauf kam es an. Linksverkehr, der berühmt-berüchtigte Londoner Smog und gelegentliche Streiks mit inbegriffen.

Eine ungeheuer harte Schule, mit Argusaugen verfolgt von den früheren Beherrschern der Szene. Das kleinste Versagen, ein Riss im Netz der quirligen Schweizerin hätte zu einem flächenübergreifenden Desaster geführt. Die Eltern, sosehr Ursula ihre Abwesenheit in den entscheidenden Kinderjahren bedauert, hatten ihr mit ihrer an Konsequenz kaum zu überbietenden moralischen Effizienz eben doch ein Erbe hinterlassen, das ihr zwar nicht materiell, aber ideell zugutekam. Moralisch? Ein Begriff, dem Ursula stets mit skeptischer Vorsicht begegnet.

Als die Tiger Lillies mit ihrer schrägen Version der Geschichte *Struwwelpeter* für Furore sorgten und die Londoner in Scharen zu ihrem *Shockheaded Peter* rannten, rümpfte Ursula weder die Nase, noch liess sie sich von der überschwänglichen Kritik beeinflussen. Sie besorgte sich dank ihrer mannigfaltigen Beziehungen auf absolut legalem Weg Karten für eine der restlos ausverkauften Vorstellungen und liess sich vom euphorischen Gekreisch des mehrheitlich sehr jungen Publikums und der eingefleischten Fans der Tiger Lillies mitreissen. Zu Recht, wie sie meinte. Was auf der Bühne geboten wurde, war so gekonnt genial und komisch, stimmte in Text und Musik überein wie bei den allerbesten West-End-Produktionen. Dennoch verliess Ursula das Theater sehr nachdenklich. Der *Struwwelpeter* war sehr mit ihrer Kindheit verbunden. Man hatte ihr gedroht, es könnte ihr genauso ergehen wie den Kindern im Bilderbuch mit Versen des Doktor Hoffmann. Lustig, so wie sie gerade die perfekte Show miterlebt hatte, waren die Geschichten, die hier alle mit dem Tod der «Helden» endeten, nicht. Neugierig auf alles, was ihr an Aussergewöhnlichem über den Weg lief, war Ursula immer gewesen. Ein Guckindieluft hingegen war sie nie.

Und wie steht es mit ihrer Political Correctness? Ab und zu zweifelte Philip Jones daran. Nachdem er seine Karriere als Trompeter und Leader des Philip Jones Brass Ensembles beendete hatte, wurde er Head of Wind, Brass and Percussion Department der Guildhall School of Music and Drama (GSMD) in der City of London und ein paar Jahre später Direktor des einst renommierteren Trinity College of Music. Die Räumlichkeiten des College, das Philip Jones in kurzer Zeit wieder auf das Niveau der besten Musikhochschulen brachte, befanden sich in Mandeville Place im Stadtteil Marylebone. In ebendiesem Mandeville Place residierte seinerzeit eine gewisse Lillie Langtry, die Mätresse des Prince of Wales und späteren Königs Edward VII. Philip Jones' Büro als Principal des Trinity College war der berühmte Salon der damals die Gesellschaft Londons beherrschenden Dame. Bei einer Begegnung mit Prince Charles kam man auf die Räumlichkeiten in Mandeville Place zu reden, und Ursula sah die Gelegenheit gekommen, sich an kompetentester Stelle über den Wahrheitsgehalt der kursierenden Geschichten zu erkundigen. Prince Charles wusste über die Affären seiner Vorfahren erstaunlich gut Bescheid, bestätigte den temporären Wohnsitz der sehr attraktiven Schauspielerin Lillie Langtry, der Geliebten seines Urgrossvaters, und sagte, bevor Ursula weitere Fragen stellen konnte: «Yes, she was a remarkable woman.»

Philip Jones, mit den englischen Sitten und dem Verhaltenscode der Untertanen gegenüber den Royals vertraut, stand mit zitternden Knien und Schamröte im Gesicht neben seiner durch und durch republikanisch gesinnten Frau. Genau wie damals bei der ungeheuerlichen Frage, wer am verregneten Krönungstag Elizabeth II den kleinen, ganz in Weiss gekleideten Mann in der offenen Kutsche neben der erdrückend grossen Königin von Tonga als «Lunch» bezeichnet habe. Da Prince Charles bei dem fraglichen Gespräch in sehr jovialer Laune war, befürchtete Philip Jones, Ursula könnte gar auf den monströsen Gedanken kommen, den ältesten Sohn Ihrer Majestät der Queen nach seinen eigenen Affären zu fragen. Zuzutrauen, meinte er, wäre es ihr gewesen.

Philip Jones' Humor war legendär. Hätte Monty Python für seinen *Flying Circus* einen witzig-schrägen Trompeter gesucht, das Casting wäre an Philip Jones nicht vorbeigekommen.

Als die Queen Mother Philip Jones die Fellowship des Royal College of Music überreichte, dauerte das mehr oder weniger einseitige Gespräch viel länger als bei den ansonsten strikt reglementierten königlichen Zeremonien. Ursula stand etwas abseits und geriet vor Neugier, was die betagte, von allen hochgeschätzte Königinmutter ihrem ständig ergebenst nickenden Mann wohl derart Wichtiges mitzuteilen haben könnte, fast aus dem Häuschen. Als sich die Queen Mother schliesslich einem anderen Fellow zuwandte, wurde

Philip Jones nicht nur von Ursula belagert und gefragt, was die Gemahlin George VI und als solche seit seinem frühen Tod und bis zur Thronbesteigung ihrer Tochter Elizabeth II selbst Königin von Grossbritannien und letzte Kaiserin von Indien ihm in ihrem unüblich langen Sermon mitgeteilt habe. Philip Jones zog Ursula und ihre neugierige Entourage zur Seite und rekapitulierte in ganzer Länge, was ihm die hochdekorierte Queen Mother so enorm Wichtiges mitzuteilen gehabt hatte, dass das ganz Protokoll durcheinandergeriet. Die wortwörtliche Wiedergabe des königlichen Redeflusses wurde zu einer brillanten Kabarettnummer, zu deren Performance Philip Jones immer wieder aufgefordert wurde. Reich wäre er geworden, hätte er jedes Mal ein entsprechendes Honorar verlangt. Es war ein zu hundert Prozent wortloses Gebrabbel. Ein hochintelligentes, wie Philip nicht müde wurde zu betonen. Es war Ursulas Verständnis von Political Correctness, das sie veranlasste, Philip Jones darauf aufmerksam zu machen, einmal sich über das älteste Mitglied der königlichen Familie lustig zu machen genüge. Philip Jones erschrak, wenn auch nur kurz. Dann staunte er und verbeugte sich vor seiner Frau. Jetzt sei sie endgültig zur Engländerin geworden, stellte er stolz und ohne dabei zynisch zu werden fest.

Als die Queen Mother 101 Jahre alt starb und in der Westminster Hall aufgebahrt wurde, liess es sich Ursula nicht nehmen, wie hunderttausend andere Briten von der Frau Abschied zu nehmen, die nicht nur für ihren sarkastischen Humor, sondern auch und vor allem für ihre Verdienste an ihren Untertanen von allen Bevölkerungsschichten geachtet und geliebt wurde.

Nachts um 10 Uhr bestieg Ursula an der Warwick Avenue in Little Venice die Underground, fuhr bis Embankment, überquerte auf der Hungerford Bridge zu Fuss die Themse, traf auf den schier unendlichen Zug von Trauernden, musste fast bis zur Waterloo Station und von dort auf der Rückseite des Southbank-Komplexes bis zum National Theatre gehen, bevor sie sich am Ende der langsam, still und bedächtig der Themse entlang sich fortbewegenden Kolonne einordnen konnte. Über die Lambeth Bridge erreichte sie die mittelalterliche Westminster Hall, wurde von Sicherheitsleuten kontrolliert und konnte an dem von Mitgliedern der königlichen Familie bewachten Sarg vorübergehen und sich als Nichtroyalistin ihre Gedanken machen. Nach einem Spaziergang mit lauter fremden Menschen, die ihr dank des gemeinsamen Erlebnisses vertraut geworden waren, spazierte sie zum Trafalgar Square und fuhr mit einem Nachtbus heim nach St John's Wood. Um eine Erfahrung reicher, zu der sie nur einmal in ihrem Leben eine Chance hatte. Es ging gegen Morgen. Vielleicht dämmerte es schon, als sie die lange Nacht statt mit einem von der Königinmutter geliebten kräftigen Gin mit einem Gläschen Baselbieter Kirsch abschloss.

5

Liebessignale mit der Trompete

Eines Tages, Ursula hatte sich hinter den Kulissen des Philharmonia Orchestra gut eingelebt, fehlte für die Aufführung von Giuseppe Verdis *Requiem* ein Trompeter. Zwölf wurden gebraucht, elf waren bereits verpflichtet. In London wurden in vielen, vielleicht gar zu vielen Schulen jeden Grads Instrumentalisten in allen Sparten ausgebildet. Alle tummelten sie sich auf dem riesigen Musikmarkt, alle waren sie mehr oder weniger abrufbar, warteten darauf, dass sich die Fixer ihrer erinnerten und ihnen zu einem oft mehr schlechten als rechten Einkommen verhalfen. Auf den Listen, die Ursula zur Verfügung standen und die sie von allem Anfang an nach ihrem System sehr persönlich ergänzte, war auch ein gewisser Philip Jones aufgeführt. 26 Jahre alt, ausgebildet am Royal College of Music. Von 1948 bis 1951 Trompeter im Orchester des Royal Opera House in Covent Garden. Gründer des Philip Jones Brass Ensemble und seit 1953 Trompeter im London Philharmonic Orchestra. Ursula griff zum Telefon, erreichte den jungen, anscheinend ambitionierten Musiker, der sich in den Kopf gesetzt hatte, den Blechbläsern die bisher verschlossenen oder höchstens einen Spaltbreit offenen Türen zur ernsthaften, klassischen Musik zu öffnen. Auch Ursula verband, wie die meisten Menschen, das Signalinstrument Trompete in erster Linie mit Marsch- und Militärmusik wie bei Verdis Triumphmarsch in seiner Oper *Aida*.

Mr Jones hatte eine äusserst angenehme Stimme, war auch ausgesprochen freundlich, hörte, was die mit einem sympathischen Akzent perfekt englisch sprechende Dame vom Philharmonia Orchestra für ein dringendes Anliegen hatte. «Very tempting. Great piece of music.» Aber leider sei in diesen Tagen ein Cricket Match mit dem LPO-Team angesagt. Nein. Unmöglich, dieses Ereignis zu verschieben. Seine Kollegen würden es ihm nie verzeihen, zöge er Verdi einem Einsatz in weissen Flanellhosen, weissem Hemd und ärmellosem Pullover vor.

Doch doch, der Mann gab sich Mühe, ihr seine Ablehnung verständlich zu machen. Aber was um Himmels willen war Cricket? Was war für einen Trompeter in einem zwar renommierten Orchester wichtiger, als mit dem Philharmonia Orchestra Verdis *Requiem* aufzuführen? Cricket war doch das Spiel auf einem gepflegten Rasen, bei dem es darum ging, mit einem langstieligen Holzhammer eine ebenfalls hölzerne Kugel durch in den Boden gesteckte, verschiedenfarbige Drahtbogen zu schubsen, dazu Tee zu trinken, Sandwiches zu verzehren, gehobene Konversation zu pflegen und bei allem very britischen Gehabe den Whisky nicht zu vergessen.

Ursula fand den Zwölften Trompeter, Verdis *Requiem* ging erfolgreich über die Bühne, und der 1928 in Bath in eine Familie von Blechbläsern geborene Philip Jones ging Ursula, wenn auch wahrscheinlich unbewusst, nicht aus dem Sinn. Was, wenn er ein Engländer von der Sorte wäre, die sie schon als Kind auf der Promenade des Luzerner Schweizerhofquais insgeheim bewundert hatte?

Es gelang ihr später, nicht viel später und ganz gewiss ohne jegliche Hintergedanken, Philip Jones für ein anderes Konzert zu engagieren. Es gab keine Alternative. Sein Curriculum Vitae stimmte, und was er mit seinem vor ein paar Jahren gegründeten Brass Ensemble vorhatte, mochte vielleicht etwas exotisch daherkommen. Sollte es ihm aber gelingen, zusammen mit anderen enthusiastischen Bläsern die Trompete vom martialischen Viervierteltaktgeblase zu befreien und dorthin zu bringen, wo nicht mehr in Uniform marschierend gespielt werden musste, wäre das ein Gewinn, zu dessen Gelingen sie mit der Verpflichtung des selbstbewussten Trompeters vielleicht sogar etwas beitragen könnte.

Gut sah er aus. Zudem. Sein Auftreten in stets dezenter, aber um so gepflegterer Kleidung kam Ursulas Vorstellung von Englishness über weite Strecken entgegen. Es war ein Leichtes, das Bild der extravaganten britischen Touristen der Vorkriegszeit durch einen gepflegten jungen Mann mit einem so ganz anderen Humor als demjenigen der etwas grobschlächtigen Witze ihrer flüchtigen Bekanntschaften im Luzernischen, in Heidelberg oder in Genf zu ergänzen, zu vervollkommnen.

Die Liebe, auch wenn sie in der Erinnerung noch so klischeehaft daherkommen mochte, machte Ursula nicht blind. Im Gegenteil. Sie öffnete ihr die Augen und machte ihre Sinne zugänglich für all die wunderbaren Signale, die ihr Philip mit seiner Trompete zu geben versuchte.

«Nachdem Philip das erste Engagement, mit dem ich an ihn herantrat, ablehnte, nahm ich seinen ersten Antrag, mich fürs Leben zu engagieren, ohne Cricket, Crocket oder was es an anderen Verhinderungen noch hätte geben können, ohne Wenn und Aber an.»

Fernab von den völlig ausser Acht gelassenen Familienbanden und bindenden Konventionen. Schliesslich gehörten die Engländer zu den wichtigsten Garanten eines auch von Ursulas Eltern gutgeheissenen Tourismus der Extraklasse. Und dass London eine Musikstadt war, in der das ganze Jahr auf Festwochenniveau konzertiert wurde, war ihr schon nach kurzer Zeit als Orchestersekretärin mehr als bloss beiläufig bewusst geworden. Händels *Wassermusik* floss, lange bevor Strauss' «schöne blaue Donau» plätschernd Wien erreichte, die Themse hinunter, und Elgars Marsch aus *Pomp and Circumstance* konnte es jederzeit mit dem «Radetzkymarsch» aufnehmen.

Philip Jones' Erklärung, weshalb er sein eigenes Ensemble gründete und ein bleibendes Zeichen setzen wollte, war so einleuchtend wie Ursulas Lust, sich mit einem Mann zusammenzutun, der ihre Neugier auf Aussergewöhnliches und Neues, ihren Intellekt herausforderte, ihre unbändige Vitalität mit ihr zu teilen bereit war, der nie wie Jahre später einer ihrer Nachbarn fragen würde: «For God's sake, Mrs Jones, when are you going to change your way of life?»

Drei Jahre sass Philip Jones als hoffnungsvoller Trompeter im Orchestergraben des Royal Opera House in Covent Garden und zählte die endlosen Takte, in denen die Trompete auf seinem Schoss lag, er nichts zu tun hatte, als auf seinen Einsatz zu warten. Es ödete ihn an, da unten zu sitzen, auf den Hinterbänken wie ein bedeutungsloses Mitglied des Unterhauses in Westminster. Dafür hatte der Sohn aus einer Musikerfamilie – Vater Posaunist, Onkel Trompeter – nicht vier Jahre bei den besten und renommiertesten Brass-Professoren studiert und mit Höchstnoten abgeschlossen. Selbst wenn die Schöpfer der gängigsten Opern es noch so gut mit ihm meinten, die Trompete kam im Verhältnis zu den Streichern nicht sehr oft zum Einsatz.

Sein erstes Ensemble war auf Renaissance- und Barockmusik angelegt und beschränkte sich auf zwei Trompeten und zwei Posaunen. Philip Jones wollte sich aber nicht explizit auf alte Musik festlegen und sich Fesseln verpassen, die er vielleicht nie mehr loswerden würde. Für neuere Musik erweiterte er sein Ensemble, machte aus dem Quartett ein Quintett mit zwei Trompeten, Posaune, Horn und Tuba. Es brauchte einen grossen Atem. Nicht bloss für die Instrumente. Die Musikszene konnte so leicht nicht aufgemischt werden. Wohl stiessen Quintett und Quartett auf viel Goodwill, aber selbst kleine Konzertsäle waren mit lauten, scheppernden Instrumenten nicht zu füllen. Von den grossen Häusern, die das nötige Geld gebracht hätten, ganz zu schweigen.

Philip Jones' Mitbläser gehörten alle den besten Londoner Orchestern an. Der grosse Atem wurde zum langen Atem. Zehn Jahre nach der Gründung des PJBE formierte sich das Ensemble um den Leader zum illustren Quintett mit dem Trompeter, Arrangeur und Dirigenten Elgar Howarth, dem Hornisten Ifor James, dem Posaunisten John Iveson und dem einzigartigen Tubaspieler John Fletcher. Die klingendsten Namen aus der Gilde der Blechbläser machten auf das Ensemble und seine innovativen Arrangements aufmerksam, und da waren auf einmal Töne, die aufhorchen liessen. Da spielten fünf Solisten zusammen Werke, die bisher den Kammer- und Sinfonieorchestern vorbehalten waren. Die Kritiker seriöser Zeitungen und Zeitschriften sowie die Radiostationen schrieben und berichteten von einer Brass-Revolution. Der Durchbruch liess aber dennoch auf sich warten.

In England wie auch in der Schweiz wurde in Brassbands auf zum Teil erstaunlich hohem Niveau musiziert. In den Industriegebieten im Norden Englands gab es viele Blasmusikgesellschaften mit gewerkschaftlichen Wurzeln. Es gab regionale und nationale Wettbewerbe. Der mehrfach preisgekrönte Film *Brassed Off* des Regisseurs Mark Herman gibt dazu ein grossartiges, wenn auch tragisches Zeugnis der englischen Blasmusikkultur ab. Auch hier werden die grossen, gängigen Hits gespielt. Da wird «Land of Hope and Glory» ebenso wie ein Marsch aus *Pomp and Circumstance* wie am letzten Abend der Proms, der traditionellen Sommerkonzertreihe, in der Royal Albert Hall gefeiert. Der Film datiert aus dem Jahr 1996 und spielt vor dem Hintergrund der Krise in den Kohlegruben zur Zeit der Eisernen Lady Thatcher.

Philip Jones' Engagement für die Imagepflege des Blechs begann 30 Jahre früher. In *Brassed Off* werden auch Werke von Gioachino Rossini und Joaquín Rodrigo gespielt. Keinem der in der Filmband mitspielenden Musiker war der Name Philip Jones unbekannt. Auch heute noch: Man frage ein irgendwo auf der Welt eine Trompete, ein Horn, eine Posaune oder eine Tuba spielendes Mitglied eines Orchesters, ob ihm der Name Philip Jones etwas sage. Ein Leuchten in den Augen der Befragten sagt alles. Ursulas Mann ist der unbestrittene grosse Erneuerer der Brass-Kammermusik.

Der eigentliche Durchbruch geht auf den Beginn der 1970er-Jahre und auch auf – wen wundert's – Ursula Jones zurück. Sie, die heute noch für einen regen Austausch junger, begabter Musiker zwischen der Schweiz und Grossbritannien verantwortlich ist und unermüdlich nach Spitzentalenten Ausschau hält, veranlasste die Internationalen Musikfestwochen Luzern zu einem Engagement des PJBE. Vor allem ging es Ursula darum, eine Schweizer Tournee zu ermöglichen. Die Konzertorganisatoren trauten dem Quintett aber nicht zu, genügend Publikum auf sich aufmerksam zu machen, also kamen für die Migros-Klubhauskonzerte zwei weitere Trompeten und Posaunen, Horn und Tuba dazu. Die Philip Jones Formation mit vier Trompeten, vier Posaunen, Horn und Tuba vermochte das Publikum zu faszinieren wie seinerseits die englischen Touristen am Schweizerhofquai die kleine Ursula. Ob die eine Begegnung nachhaltiger war als die andere, sei dahingestellt. Sicher war, dass die sympathischen und gross aufspielenden Blechbläser mehr zu bieten hatten als jene Briten, welche die Luxushotels für ihre letzten Kolonien hielten.

Ohne sich den Zuhörern anzubiedern, verstand es Philip Jones, mit arrangierten Volksliedern nicht nur die Ohren, sondern auch die Herzen zu gewinnen. Wenn Philip Jones und seine Musiker mit dem bereits sehr typischen PJBE-Sound «Vo Luzärn gäge Wäggis zue» anstimmten und einen Rhythmus vorlegten, der das volkstümliche Schunkeln verunmöglichte, war es für Ursula wie ein Heimkommen aufs Dampfschiff ihres Grossvaters. Stolz wäre der Beherrscher der Motoren, der glänzenden Pleuelstangen und Antriebswellen, der Mann mit dem Aussehen George Bernhard Shaws, der Zauberer mit den Puppenhäusern und mechanischen Spielzeugen auf den Mann seiner Lieblingsenkelin gewesen.

Wieder zurück auf der Insel, blieb Philip Jones der mit Erfolg neu geschaffenen Formation treu. Sie wurde zur «Schweizer Formation» mit vier Trompeten, einem Horn, vier Posaunen und einer Tuba. Diese Zehnergruppe ist seither weltweit als Philip-Jones-Formation bekannt und kann bei Bedarf oder je nach Werk ergänzt, erweitert und umgebaut werden. Ein Raunen ging durch die Institutionen der ernsten Musik, als Philip Jones zusammen mit Elgar Howarth Mussorgskis *Bilder einer Ausstellung* für Blechinstrumente arrangierte. Das vergrösserte Blechbläser-Ensemble plus zwei Perkussionisten sorgten für eine Sensation. Die Kritiker schütteten Elogen über das PJBE. Das Blech hatte seine Märsche abgestreift. Nicht ganz.

Philip Jones hatte die Idee, mit einer noch einmal erweiterten Gruppe, dem Philip Jones Wind Ensemble, einem veritablen Blasorchester, die bekanntesten Märsche des amerikanischen Komponisten John Philip Sousa auf Platten einzuspielen. Die Evergreens par excellence wurden zu einem Verkaufsschlager. Heute noch spielen die Märsche eine ansehnliche Summe an Tantiemen ein. Das Geld wird nach dem Letzten Willen Philip Jones' und mit Ursulas Zustimmung vollumfänglich der 1738 von G. F. Händel gegründeten Royal Society of Musicians (RSM) zugeführt. Philip Jones war viele Jahre Mitglied dieser Wohltätigkeitsorganisation, deren Ziel es ist, ältere und in Not geratene Musiker zu unterstützen.

Je bekannter das PJBE wurde, desto mehr musste arrangiert werden. Es gab ausser den Werken von Giovanni Gabrieli und Johann Pezelius kaum Originales für reines Blech. Philip Jones und seine Bläser wurden mehr und mehr für die Aufführungen von Chorwerken, vor allem denen Monteverdis, zu äusserst gefragten Leuten. Mit dem London Bach Choir kam es zu einer langjährigen, sehr fruchtbaren Zusammenarbeit.

Was Ursula geahnt und mit ihrem feinen Gespür für das Besondere in der Musik vorausgesehen hatte, traf ein: Das PJBE wurde eine Erfolgsgeschichte. Weltweit wurde applaudiert, Ehrungen folgten auf unzählige Auszeichnungen und Preise. Wäre da nicht die Sache mit der Liebesbeziehung zu Ursula Strebi, der jungen Schweizerin aus etwas besserer, in der klassischen Musik verwurzelten Familie gewesen.

Ursula Strebi, glücklich verliebt und auf dem besten Weg, von London aus die Welt nicht gerade zu erobern, sie aber doch zu erkunden, diese Welt, die ihr im Zentrum des ehemaligen Weltreichs etwas grösser, offener und toleranter erschien als die Stadt zwischen Hofkirche, Kunsthaus, Kapellbrücke und Jesuitenkirche, teilte ihren Eltern, wie es sich gehörte, mit, sie habe sich in einen Engländer, ganz genau in einen Waliser, verliebt. Zudem sei er Musiker, was dem Vater, dem Mitbegründer der Internationalen Musikfestwochen, und der Mutter als Gastgeberin unzähliger von ebendiesen Musikfestwochen geprägten Gesellschaften bestimmt gefallen müsste. Das Orchester des Royal Opera House in Covent Garden und das London Philharmonic Orchestra waren Institutionen, die in den heiligen Hallen der Musik einen Platz einnahmen, den sich die Internationalen Musikfestwochen zuerst einmal erarbeiten mussten. Ursula, die täglich Musiker engagierte und genau wusste, wie viel abends in den Zahltagstaschen steckte, und sich davor hüten musste, sich mit den Gewerkschaften anzulegen, kannte sich mittlerweile aus, wusste um den Markt- und Handelswert ihres Philip Jones.

Von alldem hatten die Eltern im gemächlichen Luzern keine Ahnung. In Luzern war genau genommen nur im Sommer etwas los, während in London das ganze Jahr Festivalzeit herrschte und an den Promenadenkonzerten in der Royal Albert Hall höchstklassige Musik nicht bloss für die gespielt wurde, die sich die teuren Eintrittskarten und die für den Einlass ins Kunsthaus entsprechenden Kleider leisten konnten. Philip Jones würde, wenn die Musikwelt erst einmal begriffen hatte, was er mit seinem Blechbläser-Ensemble vorhatte, ebendiese Welt mit seiner Trompete verändern.

Die Eltern waren entsetzt. Mit Musik, die nicht in Tempeln wie dem Luzerner Kunsthaus zu hören war, konnte die Grundlage zu einer Ehe nicht verdient werden.

«Niemals. Vergiss es! Vergiss ihn!»

«Niemals. Er und kein anderer. Vergesst mich zurück in Luzern!»

Ursula war kein Kind mehr, dem man mit dem Erziehungsheim drohen und schon mal befehlen konnte, die Initialen auf die Wäsche zu nähen. Zudem waren Vater und Mutter viel zu beschäftigt, das ultimativ ausgesprochene Verbot auch nur einigermassen durchzusetzen. Ein Jahr Bedenkzeit war die Notlösung. Hält die Liebe ein Jahr lang, kann die leidige Angelegenheit noch einmal aufs Tapet gebracht werden. Ab sofort keine Kontakte mehr. In Luzern galt aus den Augen, aus dem Sinn noch etwas. Für Walter und Maria Strebi-Erni war damit das Kapitel Philip Jones fürs Erste abgeschlossen. Eine andere, bessere Partie würde sich für Ursula finden lassen. Man war ja schliesslich jemand, war schon mal Stadtrat und machte sich nach dem Krieg einen Namen als Anwalt. Lud man zu Gesellschaften ein, kamen die Gäste. Und zunehmend illustrere. Es wäre ja gelacht, wenn im gesellschaftlichen Umfeld besserer Kreise nicht der Richtige ein Auge auf die hübsche, weltgewandte Tochter werfen würde. Es galt nur noch, die Augen offen zu halten und die nötigen Vorkehrungen zu treffen. Nötigenfalls eine Rückkehr aus dem sündigen London zu veranlassen. Man war nicht vergebens mit dem Besitzer des Philharmonia Orchestra befreundet. Walter Legge würde es bestimmt richten.

Ursula blieb. London war ein Moloch von einer Stadt. Eine Überwachung der vereinbarten Distanz zwischen der Sekretärin des Philharmonia Orchestra und dem Trompeter des London Philharmonic Orchestra war im Detail nicht möglich. Dass aus dem unbekannten Trompeter, wie Ursulas Eltern Philip Jones despektierlich abqualifizierten, eine von der Königin mit hohen Orden ausgezeichnete Ikone werden würde, stand in den Sternen über Luzern nicht geschrieben. Zumindest wurden die an sich sicheren Zeichen nicht erkannt. Dass es gesellschaftliche, finanziell abgesicherte und nahezu reibungslos funktionierende Netzwerke gab, die mit traditionell geschultem Fingerspitzengefühl gepflegt werden mussten, doch, das wusste man in Luzern.

Die Tochter aber spannte ein ganz anderes Netz unter ihre ungebrochene Beziehung und baute einen Geheimdienst auf, der so sensibel funktionierte, dass die feinste Erschütterung wahrgenommen und ein Warnsignal ausgesandt wurde, das notfalls die Trompeten, Posaunen, Hörner und Tubas aller Londoner Orchester zu einem gewaltigen Furioso initiiert, die Saiten aller Geigen, Bratschen, Celli und Kontrabässe in Schwingung gebracht hätte. Das hingegen ging über das Vorstellungsvermögen der ahnungslosen Eltern, die vorsichtshalber schon mal die Drohung, der Tochter das Erbrecht zu entziehen, in den Raum gestellt hatten.

6

Das geheime Netz «Ursi»

Ursula dachte überhaupt nicht daran, auf Distanz zu Philip Jones zu gehen. Im Gegenteil. Selbstverständlich behielt sie ihre Unterkunft und Adresse in London, zog aber schon bald mit Philip Jones zusammen. Ein schlechtes Gewissen? Mitnichten. Weshalb sollten ihre Eltern, die sich nie besonders um sie gekümmert hatten, jetzt auf einmal die besorgten Gluckhennen spielen wollen? Vom Bruch ihrer Abmachung, ein Jahr lang in Funkstille zu machen, brauchten Vater und Mutter nichts zu vernehmen. London war nicht Luzern, wo man sich selbst auf einem nicht besonders hohen gesellschaftlichen Level traf, wo buchstäblich jeder jeden und jede jeden kannte, wo ein Gerücht nicht einmal in die Stadt gesetzt zu werden brauchte, um zu einem zu werden. «Hast du gewusst? Hast du schon gehört?» Einen nicht mehr gutzumachenden Schaden würde es abgesetzt haben, hätte man zuerst hinter vorgehaltener Hand und bald danach, ohne zu tuscheln, herumgeboten, die Tochter eines der angesehensten Ehepaare lebe in London in sozusagen wilder Ehe. Dabei waren Ursulas Eltern nicht einmal katholisch.

In London konnte Ursula auf der Tower Bridge, der Blackfriars, der Waterloo, der Hungerford, der Westminster, der Lambeth, der Vauxhall, der Albert, der Battersea, der Wandsworth, der Putney und der Hammersmith Bridge die Themse überqueren, ohne in der Menge der Passanten von irgendjemandem erkannt zu werden. In Luzern hätte sie keinen Schritt über die Seebrücke, die Kapellbrücke, die Rathausbrücke, den Reussteg oder die Spreuerbrücke tun können, ohne als Tochter ihrer Eltern erkannt, angesprochen, scheel angeschaut, nicht gegrüsst oder missbilligend abgestraft zu werden. Die Engländer standen gar im Verruf, einander kaum in die Augen zu sehen, in den Verkehrsmitteln, all den überfüllten Bussen und Untergrundbahnen, jeglichen Blickkontakt zu vermeiden, keiner Frau mit einem scheuen Lächeln ein Kompliment zu machen.

Dennoch war Vorsicht geboten. Das Telefonieren war in den 1950er-Jahren eine extrem teure Sache, zudem waren vermögende Leute schon immer sparsamer als unbekümmerte Habenichtse. Um für ein Telegramm erreichbar zu sein, musste man zu Hause sein, und Ursula hatte für ihre Eltern erreichbar zu sein. Erreichbar sein war aber in den Jahren 1954/55 etwas ganz anderes als heutzutage. Briefe brauchten aus dem Ausland ein paar Tage. Dennoch war es von grossem Nutzen, wenn eine junge, unverheiratete Frau bei längerer Abwesenheit jederzeit ein hieb- und stichfestes Alibi zur Hand hatte.

Jessies Friends waren Ursulas Sicherheit: «Ursi» zu Deutsch. Ausspioniert, abgehört, ausgehorcht, bespitzelt und mit perfiden Machenschaften zum Feind erklärt wurde niemand. Es ging einzig und allein um die Sicherheit vor den Eltern und involvierten Verwandten, Freunden und Bekannten des «young and beautiful Swiss girl with her gorgeous trumpeter».

Bis heute, mehr als 60 Jahre später, treffen sich die Überlebenden der Freunde Jessies mindestens einmal im Jahr zu einem festlichen Essen mit tausend Geschichten. Und nie werden bei diesen feuchtfröhlichen Zusammenkünften die gleichen Begebenheiten, Aktionen, Quasi-Entführungen, Briefattacken, Spässe und Ernstfälle zum Besten gegeben. Mag sein, dass sich in den Erinnerungen einiges vermischt, dies und jenes vergessen bleibt, die als eigenständig empfundenen Geschichten sich zu sehr ähneln. Das Langeweilepotenzial nehme mit dem Alter eh ab, sind sich die in die Jahre gekommenen

Geheimagenten von damals einig. Viel Althergebrachtes, mehrfach Erzähltes, oft Wiederholtes werde durch die Vergesslichkeit neu und komme so daher, als ob zum ersten Mal erzählt oder gehört werde, wie Ursula und Philip Jones ihre Liebe dank des selbstlosen, lustbetonten Einsatzes der «Ursi» völlig unbehelligt vom Damoklesschwert made in Switzerland ausleben konnten.

Offiziell wohnte Ursula bei Jessie Hinchliffe, einer der ersten Geigerinnen des Philharmonia Orchestra. Ursulas Augen beginnen zu leuchten, wenn sie von Jessie zu erzählen beginnt.

In Ursulas Leben gibt es keinen Stillstand, jeder Tag wartet mit neuen, unerwarteten Begebenheiten auf, zu denen sie selbstverständlich das ihre beiträgt, und der Erinnerungsschatz ihres im positivsten Sinn rastlosen Lebens ist unerschöpflich. In einer Kiste mit schwerem Schloss verriegelt. Wie sie in den abenteuerlichen Geschichten aus längst vergangenen Zeiten auf entlegenen Inseln von mehr oder weniger christlichen Seefahrern vor Piraten in Sicherheit gebracht wurden. Vielleicht entstammt auch der lachende Teddybär aus so einer Schatztruhe.

Das Geheimnis hinter Ursulas Frohnatur, ihrer positiv fröhlichen Einstellung zum Alltag, ist tatsächlich ein unscheinbarer Stoffbär, den sie, sollte irgendeinmal ein Schatten auf ihre von unzähligen Menschen geschätzte Betriebsamkeit fallen, in beide Hände nimmt, ihn so lange hin- und herwiegt, bis er aus seinem Bauch ansteckend zu lachen beginnt und Ursulas ganz leicht angekratzte Laune sich auf einer Dur-Tonleiter emporhangelt. So einfach ist das.

Beim Andenken an Jessie Hinchliffe bedarf es keines lachenden Bären. Die attraktive Erste Geigerin war eine, war die einzigartige Frau in Ursulas Leben. Ein Mutterersatz wie seinerzeit Tante Griti. Beim Begriff Ersatz gerät Ursula einen Moment ins Stocken. Nein, den Bären braucht sie auch jetzt nicht zu bemühen. Ein Ersatzteil ist immer dann vonnöten, wenn das Original nicht mehr funktioniert.

Ursula wird mitten in den mehrheitlich höchst amüsanten Geschichten rund um den «Ursi»-Dienst von einer stillen Ernsthaftigkeit überrascht. Die erste Begegnung mit Jessie Hinchliffe muss ein Ereignis gewesen sein. Eine Zuneigung auf den ersten Blick. Hier die junge, in der Liebe und vielen anderen Gefühlen völlig unerfahrene, aber als Orchestersekretärin höchst effiziente Frau, dort die Geigerin mit einer Lebenserfahrung, die sie wie eine Aura umgab und auf Ursulas Neugier, auf ihre zwischenmenschlichen Mankos wie ein Zauber wirkte. Nie wäre es Jessie in den Sinn gekommen, sich Ursula aufzudrängen, nie hätte sich Ursula getraut, sich der Frau, die sie für Orchester verpflichtete, privat zu nähern. Es geschah einfach. Ohne jegliches Dazutun und Aufsehen. Kein Erröten. Keine Schranken zwischen dem «little Swiss girl» und der vielleicht gar ein wenig fatalen Dame in der ersten Reihe der Geigen. Und die männlichen Musiker, die ohne zu dominieren in der Mehrheit waren, spielten nicht nur mit, sie hatten ihre helle Freude, der «Ursi» anzugehören. Selbstverständlich wirkte niemand unter dem Codewort «Ursi». Der «Ursi» gehörten nebst Jessie und ihrer Freundin Molly Barger der Violinist Hans Geiger und seine Schweizer Frau Hanni, die Cellistin Dorothy, ihr Mann und Konzertmeister des BBC Symphony Orchestra Béla Dekany sowie die aus einer legendären Musikerfamilie stammende Harfenistin Sidonie Goossens an.

Nach Konzerten lud Jessie oft zu reinen Frauenpartys ein. Eine Sensation. Nicht nur für Ursula. Selbst im liberalen oder bereits Swinging London schauten die an Männerabende und Klubgewohnheiten gewöhnten Herren argwöhnisch hin, rümpften die Nasen und vermuteten nebst einer Wiederauferstehung der Suffragetten auch jene erotischen Entgleisungen, die vor Dekaden den grossen Oscar Wilde ins Gefängnis gebracht hatten. Tagsüber und abends eingebettet in von Männern dominierten Orchestern, einem noch beherrschenderen Dirigenten folgend, schöngeistig musizieren und danach in privaten Wohnungen, Salons und Hinterzimmern zwielichtiger Pubs dem Laster frönen, als ob sie Männer wären. Lauter Neid und dummes Geschwätz. Ursula schwärmt heute noch von den Zusammenkünften, die ihr für ein Leben ohne scheinheilige und gesellschaftlich abgehobene Moral die Augen öffneten. Was die Mutter mit ihren Versäumnissen und Drohungen angerichtet, ihre Tochter völlig unvorbereitet und naiv ins Leben geschickt hatte, zeigte Jessie Hinchliffe Ursula völlig ungezwungen, natürlich und vor allem mit unendlich viel Spass.

Ab und zu meldete sich Ursulas Mutter zu einem Besuch in London an. Die Grossstadt lockte auch sie, stachelte ihre Neugier an. Auch sie wollte sich von den Spaziergängen auf dem stets gleichen Schweizerhofquai, von den doch sehr kurzen Brücken, dem kleinen Theater an der Reuss und dem ausserhalb der Festwochen dem gewöhnlichen Volk zugänglichen Kunsthaus mit etwas grösserer Welt erholen. Mit verschmitzter Freundlichkeit stellte Ursula ihrer in der Grossstadt nicht mehr ganz so selbstsicheren Mutter ihre neuen Freunde vor. Und «Ursi» hielt dicht. Die Tochter wurde als Ausbund der Tugend geschildert und gelobt. Ursula stellte sich als Führerin durch das traditionelle London zur Verfügung, machte auch den einen oder anderen Abstecher zu Orten ihrer neuen Erfahrungen. Die Welt der Musik stand ihr schon nach kurzer Zeit uneingeschränkt offen, und mit ihrem natürlichen, nicht minder gewinnenden Charme war sie auch dann gern gesehen, wenn sie ohne die Gagentüten unterwegs war.

Dass Philip Jones der attraktiven Mutter und ihrer fröhlichen Tochter nicht zufällig über den Weg lief, dafür sorgten Jessie, Molly, Hans, Hanni, Dorothy, Béla und Sidonie. «Ursi» überschritt zweifelsohne die eine oder andere Grenze, schummelte da und dort, gaukelte der Frau, die dem Zusammengehen des begnadeten, obendrein bestens aussehenden Trompeters und der ebenso hochbegabten Philharmonia-Sekretärin grobe Knüppel zwischen die Beine geworfen hatte, einiges vor. Sogar mit dem Entzug der Elternliebe und des vorsichtig geschätzten beträchtlichen Erbes wurde Ursula gedroht, falls der Verstand dem Herzen unterliegen sollte.

Ursula hatte ihre berechtigten Bedenken gegenüber der allzu weissen Weste, die ihr von «Ursi» übergezogen wurde. Ob die Mutter, die ihr Kind zur Genüge als «schlimmes» Mädchen kannte, all die Komplimente glaubte, die man ihr für ihre wohlerzogene Tochter machte?

Das Londoner Programm, das man sich mit Ursula für Mrs Strebi ausgedacht hatte, liess niemandem viel Zeit, sich darüber Gedanken zu machen, ob denn die so weltgewandte Tochter überhaupt kein Auge für den einen oder anderen des Wegs kommenden Mann hatte. Wahrscheinlich wurde damals die phänomenale Begabung Ursulas entdeckt, mit der sie heute noch kulturell interessierte Reisegruppen von einem Konzert ins andere Theater, zurück ins Museum und von dort weiter in die Oper, in die aufsehenerregendsten Ausstellungen, zu den spektakulärsten gastronomischen Geheimtipps und zu ihren hochdekorierten Freunden führt. Von Ursula durch London, mit ihr nach Glyndebourne, Garsington, Bath, nach Cornwall, Oxford, Cambridge und zu weiteren Highlights geführt zu werden erfordert eine gute Kondition und ein robustes multikulturelles Interesse. Und man merke sich gut, was sie beim Namen nennt. Alles immer wieder zu wiederholen und bei fehlerhaftem Aussprechen immer wieder korrigieren zu müssen kostet zu viel Zeit, die dann fehlt, um da noch etwas nicht zu verpassen, dort einen unvorhergesehenen Abstecher zu Aussergewöhnlichem zu machen oder gar selbst etwas zu entdecken.

Nach einem späten Nachtessen im Club der Royal Overseas League oder im intimen Two-Bridges-Privatetablissement legen sich die bis zum letzten Aufmerksamkeitstropfen ausgepressten privilegierten Freunde Ursulas erschöpft ins Bett, wie damals vor mehr als 60 Jahren ihre Mutter auf ihrer Reise zur Überprüfung der Enthaltsamkeit ihrer Tochter. Keine weiteren Fragen. Der morgige Tag wird noch ausgefüllter, und das von Ursula weitergegebene Wissen um all das unbedingt Sehens-, Hörens- und Erlebenswerte wird die Kapazität jedes normalen Aufnahmevermögens bei Weitem übersteigen.

Ursulas Mutter, die geborene Maria Erni, war eine aussergewöhnlich starke, höchst eigenwillige Persönlichkeit, der in gesellschaftlicher und vor allem in finanzieller Kompetenz niemand etwas vorzumachen brauchte. Nach dem Tod ihres Mannes kaufte sie für Ursula und Philip Jones das schöne Haus zuoberst an der Luzerner Rebstockhalde. «Damit ihr in der Schweiz etwas habt.» Konsequent blieb sie aber die Besitzerin und bestimmte, wer die einzigartige Aussicht über den Vierwaldstättersee geniessen durfte. Dass nie etwas von ihrem Vermögen nach England verschwinden würde, auch dafür würde sie sorgen.

Ob das Haus an der Rebstockhalde vielleicht doch eine späte Rache für die Tricks der «Ursi» war? Vorgespielt hatte man ihr, die Tochter halte sich strikt an die Abmachung, ihre Liebe zu dem englischen Nobody für ein Jahr auf Eis zu legen, zu prüfen, ob es sich lohne, sich auf ewig zu binden. Die Liebe war zu heiss, selbst wenn sich die Eisheiligen allesamt gegen Ursula und Philip Jones verschworen hätten, der Gefrierpunkt war weder mit Celsius noch Fahrenheit zu erreichen.

Eine gewisse Gefahr für das Paar ging vom Besitzer des Philharmonia Orchestra, Walter Legge, aus. Aus rational nicht zu erklärenden Gründen hatte der einflussreiche Musikproduzent gegenüber dem allenthalben beliebten und geschätzten Trompeter und engagierten Erneuerer der Blechmusik eigenartige Vorbehalte. Legge war verheiratet mit Elisabeth Schwarzkopf. Beide waren mit Walter und Maria Strebi befreundet.

Walter Legge war Direktor der EMI und Produzent vieler wegweisender Aufnahmen grosser Werke und zweifelsohne zu sehr Gentleman, seiner gewieften Orchestersekretärin Ursula Strebi vom Trompeter Philip Jones abzuraten. Zudem hatte er ein viel zu professionelles Gespür für Ausnahmeerscheinungen, um nicht längst auf Philip Jones aufmerksam geworden zu sein. Wahrscheinlich wurde er aber von Ursulas Vater unter der Hand auf die missliebige Liaison zwischen der sowohl unerfahrenen wie auch unaufgeklärten Tochter und dem Blechbläser aufmerksam gemacht. Man wusste schliesslich aus hautnaher Erfahrung, wie die Herren in den hinteren Orchesterreihen, wenn sie die Lippen nicht an ihre Mundstücke pressten, den frivolen Seiten des Musizierens zugetan waren.

Philip Jones gehörte nicht zu denen, die zum Beispiel in Glyndebourne die Pausen dazu nutzten, in einen etwas entfernteren Pub zu fahren, um dort ein paar Pint Bier zu trinken und wieder zurück im Orchestergraben mit voller Blase etwas zurückhaltender ihren Part in Wagners *Tristan und Isolde* zu spielen. Es musste auch nicht immer Wagner sein, um sich im Orchester bemerkbar zu machen und sich dem Dirigenten in Erinnerung zu blasen. Philip Jones war im positivsten Sinn ein hemmungsloser Trompeter. Anders hätte er es nicht geschafft, die glänzendsten Instrumente aus dem orchestralen Dornröschenschlaf zu reissen, sie weg vom Militär- und Signalgehabe zu arrangieren, zu beweisen, dass mit Trompeten, Horn, Posaunen und Tuba genauso Kammermusik zu spielen, zu interpretieren war, wie es bis anhin den Streichern, den Holzbläsern, ab und zu der Harfe und dominant dem Piano vorbehalten war. Als Mensch wusste Philip Jones vorbildlich masszuhalten. Mit seinem Humor über die ganze Farbpalette brauchte es keine alkoholische Stimulanz.

Mit seinem wunderschönen, schon etwas angegrauten Porsche, der die Garage in der Mews wie eine einstudierte Partitur kannte, kurvte er auf die Hamilton Close und stellte fest, dass sein in einem

Koffer liegendes Instrument nicht auf dem Beifahrersitz lag. Philip Jones fuhr zurück, und der in der Garage liegen gelassene Koffer geriet knapp nicht unter ein Hinterrad, wie vor Kurzem in einer Hotelgarage in Frankreich. Ein weiteres Zeichen dafür, dass es an der Zeit war, das Instrument dort ruhen zu lassen, wo die Vorsehung dafür gesorgt hatte, es zu beschädigen. Statt dem PJBE voranzugehen, stellte er sich dem Musician Benevolent Fund zur Verfügung und wurde später zum Principal des Trinity College of Music.

Er war bereits Mitglied der Worshipful Company of Musicians und fuhr von einem Black Tie Dinner mit einem Freund nach Hause. Beim Smithfield drehte er ab und wollte seinem Begleiter die Kirche zeigen, in der er und Ursula geheiratet hatten, und geriet in eine Polizeikontrolle. Philip Jones war und blieb davon überzeugt, dass die Polizei einmal mehr Jagd auf feine Pinkel in auffallenden Autos machte und die Genugtuung genoss, die Kerle zu erwischen, die glaubten, in steifen Hemden und Kragen besoffen Auto fahren zu dürfen. Der Test zeigte einen «minim» überschrittenen Alkoholpegel an, der Fahrausweis wurde entzogen, und Philip Jones rief Ursula vom Polizeiposten an, bat sie, ihn abzuholen und mit dem unbeschädigten Porsche nach Hause zu fahren. Zwei Jahre durfte er sich nicht mehr ans Steuer setzen. Zwei Jahre ging er zu Fuss dem Regent's Canal entlang bis zum Zoo und von dort zu seinem Büro in Mandeville Place. Er war gerade Direktor des Trinity College geworden, und es gelang ihm und Ursula, den Tatbestand des Fahrens in angetrunkenem Zustand geheim zu halten. Es hätte ihm den angesehenen Posten kosten können, war er doch dazu berufen worden, den etwas in Schieflage geratenen Ruf des College wie eine vom Grünspan befallene Trompete wieder auf Hochglanz zu polieren.

Wo es nicht anders ging, chauffierte ihn Ursula. Niemand störte sich daran, dass der allseits bekannte Musiker und zweifach königlich dekorierte Direktor einer zum Renommee zurückgeführten

Hochschule sich mehr oder weniger standesgemäss kutschieren liess. Auf seinen Gängen dem lauschigen Kanal entlang, am Zoo vorüber und durch den ausgedehnten Park lernte er Flora und Fauna durch alle Jahreszeiten besser kennen als manch ein studierter Zoologe oder Botaniker. Er sei mit allen Reihern, Singschwänen, Affen und Kamelen per Du.

Ausser seinem Begleiter auf der verhängnisvollen Fahrt und Ursula erfuhr nie jemand etwas vom Verlust des Fahrausweises. Dass die Polizei dichthielt und die Geschichte nicht über dubiose Kanäle in die Boulevardpresse schleuste, rechnete Philip den Black-Tie-Jägern hoch an. Erst nach seinem Tod liess Ursula bei vorsichtig ausgewählten Begegnungen sehr sanft durchsickern, weshalb sie zur etwas aussergewöhnlichen Fahrerin des von der Königin zu einem CBE, Commander of the Order of the British Empire, erhobenen und zum Ehrenmitglied mehrerer Institutionen ernannten honorablen Mannes geworden war. Niemand zeigte sich besonders erstaunt. Genauso wie Philip Jones die Ärmel seiner besten Jacken nach dem Ausziehen mit Seidenpapier stopfte und in Form hielt und seine Schuhe nie ohne hölzerne Spanner versorgte, war er um seinen Ruf besorgt. Auch oder gerade weil er sich noch so gerne über sein Missgeschick amüsiert und mit anderen zusammen gelacht hätte.

Das von Ursulas Eltern vorgegebene Enthaltungs- respektive nach ihrem erhofften Dafürhalten Entfremdungsjahr sorgte dank «Ursi» und des aufklärerischen Einflusses der Ersatzmutter Jessie für eine sehr tiefe Konsolidierung der Beziehung zwischen Ursula und Philip Jones. Die zwei lebten wie auf der von vielen Jungverliebten erträumten einsamen Insel. Mit lauter wohlmeinenden Eingeborenen, die für das mit Milch und Honig getränkte Aphrodisiakum besorgt waren und alle störenden Elemente von ihnen fernhielten, einen Schutzwall aus vielleicht nicht immer ganz legalen, dafür umso bunteren Einfällen errichteten.

Was Wunder, dass Ursula, ohne auch nur das leiseste Zögern in Erwägung zu ziehen, den Eltern mitteilen konnte, die aufgezwungene Distanz habe bewirkt, dass sie ein Jahr lang an nichts anderes als an Philip Jones gedacht habe. Und er an sie. Weil sie sich nicht hätten sehen und hören können, sei der Alltag ein Jahr lang aussen vor geblieben. Nie hätte es eine Uneinigkeit gegeben, nie seien sie Gefahr gelaufen, an einer ungeahnten, unangenehmen Eigenschaft des anderen Anstoss zu nehmen. Er habe sich nicht über ihre Rauchergewohnheiten ärgern, sie sich nicht über seine Vorbehalte gegenüber gewissen Interpretationen der Werke Mahlers und Bruckners aufhalten können. Blitzblank hätten sie sich als Mann und Frau wie aus «dem Truckli» vorgestellt, sei es ihnen doch verwehrt gewesen, auch nur ein einziges schmutziges Wäschestück des anderen zu sehen.

Die Mutter sah nicht ein, wollte nicht einsehen, dass ihre Abneigung gegenüber Philip Jones so kontraproduktiv wie nur etwas war, der Vater zweifelte keinen Moment an seiner Verordnung, die, juristisch und empirisch gesehen, zu einem eindeutigen Verdikt hätte führen müssen. Aber sie mussten einsehen, dass sie mit ihren Verbotsschildern nicht weitergekommen waren. Ursulas Eltern standen vor einem sehr menschlichen Scherbenhaufen, den einigermassen stilgerecht zu entsorgen ihnen zu Lebzeiten versagt bleiben würde.

7

Der Koffer steht beim Sakristan

«To marry or not to marry, that was never the question.» Und ob, hätten einigermassen rational denkende Paare in Ursulas und Philip Jones' Situation sich sagen müssen. Schwerreiche Leute waren Walter und Maria Strebi-Erni nicht. Noch nicht. Der Erfolg mit der Anwaltskanzlei und den Internationalen Musikfestwochen Luzern, das schier untrügliche Gespür der Mutter fürs Geld und wie es gewinnbringend angelegt werden konnte und musste, bürgten für zuversichtliche Prognosen. Irgendeinmal hätte man sich als Musiker und Musikvermittlerin in ein goldenes Nest setzen können, wäre mit der Aussicht auf ein sicheres Erbe alle Existenzängste los gewesen.

Ach was. Ursula hatte ihre Fähigkeiten längst ausgelotet. Wenn sie die Sprachen mit ihrem selbstverständlichen Charme und ihrer ansteckenden, stets guten Laune auf einen gemeinsamen Nenner bringen würde und mit den vielleicht auf natürliche Art und Weise vererbten Talenten ihrer Eltern erweiterte, müsste das Leben aus eigenem Antrieb, ohne Rückenwind eines potenten Beziehungsnetzes, befriedigender zu meistern sein als mit der bösen Ahnung, die in hässliche Posamente gestickten Initialen wieder und wieder auf die persönliche Wäsche nähen zu müssen.

Und Philip Jones würde nie an dem in Musikerkreisen sattsam bekannten Hungertuch nagen. Sein Weg, dessen waren er wie auch Ursula sich sicher, war auf glänzenden Blechinstrumenten vorgezeichnet. Sein Brass Ensemble würde in aller Leute Ohr und Mund sein. Drum:

«A few more hours,
that's all the time I got.
A few more hours I tie the knot,
I'm gettin' married in the morning.
Ding, dong, the bells are gonna chine.
Please get me to the church on time.»

Die Melodie hätte gepasst, der Text vielleicht etwas weniger. Der Polterabend wäre nach dem Sinn der «Ursi» gewesen, und ganz gewiss gab es im Vereinigten Königreich unter den Untertanen von HM The Queen die eine oder die andere, die sich gerne anstelle der kleinen Schweizerin Ursula neben den stattlichen Philip Jones an den Traualtar gestellt hätte.

Als Musiker hatte Philip Jones wohl kaum etwas gegen die Ohrwürmer des Frederik Loewe einzuwenden, und weil Alan J. Lerner sich den Text dazu bei George Bernard Shaw entlehnte, wird auch Ursula nichts dagegen gehabt haben. Philip Jones war kein sturer Klassiker. Er spielte auch mit den Beatles. Ausserordentliches faszinierte ihn mehr als Altbekanntes, und wenn er mit seinem Wissen und Können etwas Bahnbrechendes unterstützen konnte, kannte seine Begeisterung keine Grenzen. Als sein Freund und lebenslanger Weggefährte Elgar Howarth von Frank Zappa angefragt wurde, ob er für eine Plattenaufnahme mitmachen würde, fragte er Philip Jones um seine Meinung.

«Braucht Frank Zappa nicht zwei Trompeter?», fragte Philip Jones. Frank Zappa hätte auf der Stelle Ja gesagt. Philip konnte wegen anderweitiger Verpflichtungen leider nicht.

Man kann sich die Zeremonie in der Kirche St Bartholomew the Great draussen in Smithfield im East End sehr gut vorstellen. Alle müssen sie wohl da gewesen. Die komplette «Ursi», eine fröhlich gestimmte Gesellschaft, und der Pfarrer wurde buchstäblich angesteckt vom Groove der Freunde Philip Jones'. Der Hochzeitsmarsch, den er als Bräutigam wahrscheinlich nicht mitspielte, muss wie eine Aufforderung zum Tanz, zum Mittanzen geklungen haben.

Alles war ganz anders. Die Hochzeitsgesellschaft war sehr klein und bescheiden. Der berühmte Hornist Dennis Brain (1921–1957) spielte die Orgel und Philips Onkel Roy die Trompete.

Spannend wäre es gewesen, die Gemütslage der Mutter Ursulas zu ergründen. Doch, sie war zur Hochzeit ihrer einzigen Tochter angereist. Ihr Mann brachte es nicht übers Herz, als Brautvater neben Ursula zum Altar zu schreiten und in der Brusttasche seines Smokings den Brief zu spüren, in dem er der Tochter unmissverständlich erklärte, von nun an auf jegliches Erbe, auch auf den Pflichtteil, verzichten zu müssen. Es müssen steinerne Herzen gewesen sein, die sich zu solchen Entschlüssen durchringen konnten. Für die Mutter, der in der Kirche und beim anschliessenden wunderbaren Hochzeitsfest mit zauberhaften Gästen nichts anderes übrig blieb, als gute Miene zu dem von ihr nicht gutgeheissenen bösen Spiel zu machen, muss es eine Parforceleistung sondergleichen gewesen sein.

Nicht so die Beschaffung der Eheringe. Ursula träumte schon lange von einer Vespa, die aber so teuer war, dass für die Besiegelung des Ehevollzugs bloss Vorhangringe an die Finger hätten gesteckt werden können. Man, das heisst Philip Jones, entschied sich dann doch für eine bessere, gar für eine diamantene Version, und Ursula schob den Wunsch nach dem zeitlos und edel gestylten italienischen Kultroller auf. Für immer. Falls sie sich nicht doch noch wagt, was ihr ohne Weiteres zuzutrauen ist, es immer noch mit den schönen Römerinnen, Gregory Peck und Audrey Hepburn aufzunehmen.

Nach 20 Ehejahren ging Ursulas Ring beim Abwaschen nach einer Party im Haus an der Hamilton Terrace in St John's Wood verloren. Die Stimmung war nach dem Abgang der Gäste nicht sonderlich gut. Zu viele leere Flaschen und Gläser, jede Menge Geschirr mit

Speiseresten, fettiges Besteck, Rotwein und Kaffeeflecken auf einem nicht einfach zu waschenden uralten Spitzentischtuch, Berge von Pfannen. Philip Jones' Hilfsbereitschaft war für einmal ziemlich weit unter der untersten Notenlinie, und weil in der Küche immer noch kein Geschirrspüler installiert war, schien Ursula der Verlust ihres Eherings nichts als das konsequente Resultat einer ganzen Reihe von Desastern. Schwamm drüber. Und ja nicht eine Fügung, höhere Gewalt oder anderen Unsinn in Betracht ziehen. Schon bald nach dem bloss wegen des Rings erwähnenswerten Vorfall wurde in einem ganz und gar gewöhnlichen Bijouterie-Geschäft an der Oxford Street ein das Budget nicht sonderlich belastender Ersatz gekauft. Ursula ging nie mit Marilyn Monroe einig, wenn die Hollywood-Ikone «Diamonds are a girl's best friend» sang.

Als gutes Omen für die allen Erschütterungen einer nach oben offenen Skala trotzenden Ehe kam der verloren geglaubte Ring später wieder zum Vorschein. Er war zwischen die für besondere Gelegenheiten aufgesparten, sehr alten und sehr edlen Servietten geraten. Familienerbstücke mit eindeutig konspirativer Gesinnung.

Es scheint, dass Ursula dazu neigt, ab und zu «sehr Wichtiges» zu verlieren. Wollen dann die vermissten Preziosen nicht mehr in angemessener Zeit wieder zum Vorschein kommen, verliert Ursula aus was auch immer für Gründen jegliches Interesse am Verlorenen. Da es ihr eh an der nötigen Zeit fehlt, den ohnehin nicht allzu wichtigen Gründen ihres Verhaltens nachzugehen, verlieren auch die teuersten Gegenstände ihren Wert.

Als Ursula vor ein paar Jahren vom Lucerne Festival nach London zurückkam, vermisste sie in ihrem kleinen Rucksack einen ledernen Beutel mit altem und neuerem Schmuck, den sie aus London mitgenommen hatte, um ihn eventuell, wenn es denn hätte sein müssen, an den Empfängen, bei denen sie als Stiftungsrätin des Festivals zugegen sein musste, tragen zu können. Sie hatte bloss wenig Gepäck, da sie sich einen Vorrat an Kleidern im damals noch familieneigenen Haus an der Rebstockhalde angelegt hatte. Im Rucksack war nur das Allernötigste und eben der jetzt nicht mehr vorhandene Schmuck. Doch. Ja. Ein Vermögen wert. Nur schon die Kette, die ihr Paul Sacher zu ihrem 50. Geburtstag einfach so um den Hals gehängt hatte. Hundert Perlen. Echte. Was denn sonst? Aus dem Hause Hofmann-Sacher. Telefonate nach Luzern und die Suche an verschiedenen Orten brachten nichts. An einen Diebstahl wollte Ursula nicht glauben. Wer hätte sich denn an ihrem Besitz vergreifen sollen. Sie hatte den Schmuck verloren und war selbst schuld. Ein Dummkopf, der den nicht mit einer Adresse versehenen Beutel gefunden und nicht behalten hätte. Versichert? Wozu denn eine Menge Geld ausgeben, das anderswo einen ganz anderen Ertrag einspielte. Eine Studentin oder ein junger Mann an einem Music College konnte ein halbes Jahr oder noch länger mit dem Geld leben, mit dem sie etwas versichert hätte, das sie nie alles auf einmal und höchstens einzeln ein paarmal im Jahr um den Hals, um die Handgelenke oder an die Ohren hängte. Echten Perlen und teuren Steinen, die sie nicht selbst erworben, in ihren Besitz gebracht hatte, nachzutrauern, war sie nicht bereit. Auf den Rat einer Freundin schaute sie im begehbaren Reduit für ihre Kleider nach, ob der Schmuck vielleicht mit dem ebenfalls im Rucksack transportierten Ersatzwäscheset zwischen die Stapel ihrer Unterwäsche geraten sein könnte, wie seinerzeit der Ehering nach der schmählichen Auseinandersetzung in der Küche unter die Servietten. Noch nie sei sie so schnell die 60 Treppenstufen vom Schlafzimmer zur Küche hinuntergestürmt, um der Freundin mitzuteilen, dass sie den Schmuck tatsächlich, genau wie von ihr vermutet, zwischen ihrer Unterwäsche gefunden habe. Als Ursula wieder zu Atem gekommen war, schlug ihre freudige Überraschung in Ernsthaftigkeit, fast Traurigkeit um. Sie überlegte sich, wie sie den bereits abgeschriebenen Schmuck wieder loswerden könnte.

In ihrem ausschliesslich auf die Förderung von jungen Musikern und die Unterstützung älterer, in Schwierigkeiten geratener Kolleginnen und Kollegen angelegten, bereits mit Philip abgesprochenen Testament ist ihre philanthropische Gesinnung festgehalten.

Ein anderes Erbstück ist eine Rolex Oyster. Ursulas Vater hatte sie in einem Anflug von Grosszügigkeit Philip Jones vermacht. Eines Tages war dieses ultimative Präzisionsschmuckstück verschwunden. Die Trauer über den Verlust der kostbaren Uhr hielt sich wie bei Ehering und Schmuck in Grenzen. Viele Jahre später, Philip Jones war bereits gestorben, fand die koreanische Haushaltshilfe, die einmal in der Woche mit einer unnachahmlichen Genauigkeit dem Staub der Grossstadt und dem überwuchernden Garten zu Leibe rückte, die nach ihrem Dafürhalten reichlich altmodische Uhr wieder. Sie kam zum Vorschein, als die Koreanerin nach einem Wasserleitungsbruch jedes Buch in Philip Jones' grosser Bibliothek der Musik einzeln aus den Regalen zog und ihm, so alt es auch sein mochte, zuerst mit einem feuchten, dann mit einem trockenen Lappen zu neuem Glanz verhalf. Sie schüttelte das stillgestandene Meisterwerk der Uhrmacherkunst und staunte, als die Oyster sogleich zu ticken begann, als hätte der für die Haushaltshilfe im nahezu sakralen Raum immer noch vorhandene Mr Philip der Uhr neues Leben eingehaucht. Die ehemalige koreanische Juniorenmeisterin im Diskuswerfen liess die Uhr erschrocken fallen und meldete Ursula den mysteriösen Fund.

Gleichentags und ebenfalls hinter Philip Jones' umfangreicher Musikenzyklopädie kam eine Plastictasche mit einem Dutzend batteriebetriebener Rasierapparate zum Vorschein. Philip Jones hatte die eigenartige Angewohnheit, für seine weltweiten Konzertreisen fast regelmässig seinen Rasierapparat nicht einzupacken. Beim Einchecken im Flughafen fiel ihm dann ebenso regelmässig ein, dass das für sein perfektes Erscheinen in der Öffentlichkeit so wichtige Uten-

1 Ursula Jones in ihrem Living Room an der Hamilton Terrace.

2 Maria Strebi-Erni und Walter Strebi, Ursulas unzähligen Gästen zugetane Eltern.

3   Ursula in den Armen ihrer Mutter.

ZUR BEHERZIGUNG.

URSULA HEISST DIE KLEINE FRATZ,
SCHWATZT BISWEILEN WIE EIN SPATZ,
FÜHLT SICH OFT ALS GERNEGROSS,
WÄHNT SICH GAR: EIN WEISER SPROSS.

NUN DAS IST EIN BISSCHEN VIEL,
WORIN DIE URSEL SICH GEFIEL!

SCHWARZ AUF WEISS STEHT'S NUN IM BUCH,
DAMIT DU MERKST DIR DIESEN SPRUCH
UND ETWAS SITZEST AUF DEIN MAUL.
DAS HOFFT BESTIMMT DEIN ONKEL

PAUL!

26. DEZEMBER 1940.

4 Onkel Paul Ernis Ode an seine Nichte Ursula.

5 Ursula im Atelier ihres Onkels Hans Erni.

6 Ursulas Grossvater mütterlicherseits, Maschinist auf dem Dampfschiff «Uri» der Vierwaldstätterseeflotte und Künstler.

7 Ursulas Vater Walter Strebi und Wilhelm Furtwängler im Luzerner Strandbad Lido.

8 Am Bahnhof in Luzern: Ursulas Vater, Mitbegründer der Internationalen Musikfestwochen Luzern, Arturo Toscanini und der Musikkritiker Monsieur Moser aus Genf.

9 Glamour beim Bühneneingang zum alten Luzerner Kunsthaus. Ursula, Wilhelm Furtwängler, Maria Strebi und eine unbekannte Bewunderin des grossen Dirigenten.

10　Daniel Barenboim, Jacqueline Du Pré, Pinchas Zukerman, Zubin Mehta, Ernest Fleischmann.

11 Aus den Gästebüchern von Maria und Walter Strebi-Erni.

12 Die grosse Zeit des English Chamber Orchestra. Ursula mit dem Geiger und Dirigenten Pinchas Zukerman und einem Vertreter des Peter Stuyvesant Trust.

13 Ursula mutete dem Pianisten auch das Dirigieren zu. Daniel Barenboim mit dem ihm anvertrauten Taktstock.

14 Ursulas English Chamber Orchestra (ECO) im Luzerner Kunsthaus. Am Flügel Daniel Barenboim.

15 Die Eckpfeiler des English Chamber Orchestra: Ursula, Quintin Ballardie und Daniel Barenboim.

16   Cricket, die englischste aller englischen Sportarten, spielte in Ursulas und Philip Jones' Leben eine bedeutende Rolle. Szene auf dem Lord's Cricket Ground.

17 Philip Jones, kreativ inspirierter Trompeter.

18 Der Begründer des wegweisenden Philip Jones Brass Ensemble.

19   Das Philip Jones Brass Ensemble (PJBE) als Quintett. John Iveson Posaune, Ivor James Horn, John Fletcher Tuba, Philip Jones und Elgar Howarth Trompete.

20   Die Philip Jones Brass Formation. Vier Trompeten, vier Posaunen, ein Horn, eine Tuba.

We are happy to announce our marriage which was
celebrated at the church of St. Bartholomew the Great,
in the City of London, on August 1st, 1956.

Philip M. Jones   *Ursula Strebi*

2, Mansfield Mews, Harley Street, London, W.1.

21   Ursula Strebi und Philip Jones künden ihre nicht allenthalben gutgeheissene Heirat an.
Onkel Hans Erni gestaltete die Anzeige.

22   «Brass is my passion!» Ursula und ihr Mann Philip Jones.

23 Ursula und Philip Jones feiern in Morcote einen ihrer vielen Hochzeitstage.

24 Stets ein Gentleman von Kopf bis Fuss. Philip Jones auf Tournee in Deutschland.

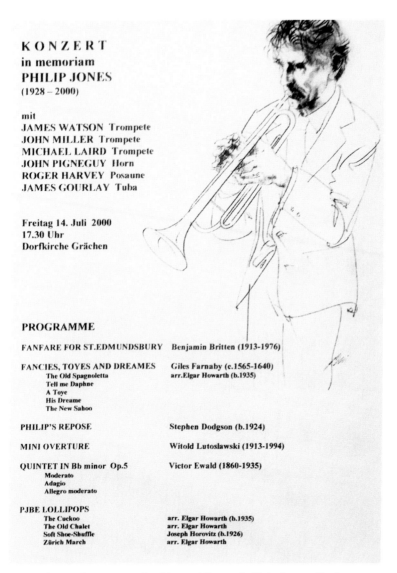

KONZERT
in memoriam
PHILIP JONES
(1928 – 2000)

mit
JAMES WATSON Trompete
JOHN MILLER Trompete
MICHAEL LAIRD Trompete
JOHN PIGNEGUY Horn
ROGER HARVEY Posaune
JAMES GOURLAY Tuba

Freitag 14. Juli 2000
17.30 Uhr
Dorfkirche Grächen

PROGRAMME

FANFARE FOR ST.EDMUNDSBURY	Benjamin Britten (1913-1976)
FANCIES, TOYES AND DREAMES	Giles Farnaby (c.1565-1640)
The Old Spagnoletta	arr.Elgar Howarth (b.1935)
Tell me Daphne	
A Toye	
His Dreame	
The New Sahoo	
PHILIP'S REPOSE	Stephen Dodgson (b.1924)
MINI OVERTURE	Witold Lutoslawski (1913-1994)
QUINTET IN Bb minor Op.5	Victor Ewald (1860-1935)
Moderato	
Adagio	
Allegro moderato	
PJBE LOLLIPOPS	
The Cuckoo	arr. Elgar Howarth (b.1935)
The Old Chalet	arr. Elgar Howarth
Soft Shoe-Shuffle	Joseph Horovitz (b.1926)
Zürich March	arr. Elgar Howarth

25 «Là-haut sur la montagne». Das Memorial Concert für Philip Jones in Grächen.

26 Villa Melitta, das Haus in Morcote, wo Ursulas junge Musiker oft auftreten.

27 Ursula mit den drei Flötistinnen des Tempest Trios in Davos.

28 Ursulas längst arrivierter Rising Star. Der Dirigent und Komponist Duncan Ward mit Philip Jones' Büchel beim Chalet Chems bei Grächen.

29 Ursulas Faszination für das Trompetenspiel ihres Mannes führte zur Freundschaft mit Wynton Marsalis …

30   … und Reinhold Friedrich.

31   Ursula mit Benjamin Britten während einer Probe in der Blythburgh Church.

32   Der Sänger Sir Willard White ernennt Ursula Jones zum Hon. Member des Royal Northern College of Music in Manchester.

Elizabeth the Second, by the Grace of God of the
United Kingdom of Great Britain and Northern Ireland and of Her
other Realms and Territories Queen, Head of the Commonwealth,
Defender of the Faith and Sovereign of the Most Excellent Order of the
British Empire to Our trusty and well beloved Ursula Jones

Greeting

Whereas We have thought fit to nominate and appoint you to be
an Ordinary Officer of the Civil Division of Our said Most Excellent Order
of the British Empire

We do by these presents grant unto you the Dignity of an Ordinary
Officer of Our said Order and hereby authorise you to have hold and enjoy
the said Dignity and Rank of an Ordinary Officer of Our aforesaid Order
together with all and singular the privileges thereunto belonging or
appertaining

Given at Our Court at Saint James's under Our Sign Manual
and the Seal of Our said Order this Twelfth day of June 2010 in the
Fifty-ninth year of Our Reign

By the Sovereign's Command

Grand Master

Grant of the Dignity of an Ordinary Officer of the Civil Division
of the Order of the British Empire
to Ursula Mrs Jones

33 Officer of The Order of The British Empire
(OBE). Die von der Königin überreichte Urkunde.

34 HM The Queen Elizabeth II ehrt Ursula Jones für ihre grossen Verdienste an der
Musik.

35 Philip Jones mit Alphorn auf Hublen VS.

36 Duo Ursula und Philip Jones beim Chalet Chems.

37 Ursulas neue Leidenschaft: im Tandem mit Robert am Gleitschirm von den Gipfeln ins Tal schweben.

38 Ursula Jones und ihre Nachbarin und Freundin Sherry Johnson auf dem Gipfel des Kilimandscharo.

39 Ein langes Leben für die Musik. Ursula Jones im Philip-Jones-Raum des Trinity College of Music.

sil im Badezimmer an der Hamilton Terrace liegen geblieben war. Und wieder, wie schon so oft zuvor, sah er sich gezwungen, vor dem Boarding einen Ersatz zu kaufen. Er entschloss sich immer für ein nicht allzu teures, batteriebetriebenes, für die Reise geschaffenes Modell. Wieder zu Hause in London versteckte er die Apparate in einer Plastictasche und hoffte, Ursula würde sie nicht entdecken und sich in ihrer für ihn ab und zu unverständlich gut gelaunten Art nicht erfrechen, sich über seine ansehnliche Sammlung von Erinnerungslücken oder Ansätze ernst zu nehmender Vergesslichkeit lustig zu machen.

Die koreanische Haushaltshilfe gehörte einer christlichen Gemeinschaft an und brachte die perfekt funktionierenden Apparate in ein Heim für alleinstehende Landsleute, die altersbedingt auch schon das eine oder andere, meist Unverzichtbare verlegt hatten und sich nicht mehr erinnern konnten, wo sie zum Beispiel den Rasierapparat zum letzten Mal gebraucht hatten.

Ursulas Mutter reiste nach den Hochzeitsfeierlichkeiten wieder ab. Die Meinung über ihren Schwiegersohn änderte sie nicht, und alle Leute in seinem und zweifelsohne auch Ursulas Freundes- und Bekanntenkreis kamen ihr in deren Zuneigung zum jungvermählten Paar immer eigenartiger und verdächtiger vor. Ob sie und ihr Mann mit der Auflage, zu dem Trompeter ein Jahr lang auf Distanz zu gehen, bevor sie sich ihm mit Haut und Haar ausliefern würde, nicht gar in eine Falle geraten, einem garstigen Komplott aufgesessen waren? Da war einmal der ihr völlig fremde Humor dieses die Trompete tatsächlich wie ein Meister spielenden Engländers. Immer dieses überlegene Lächeln in seinen eigentlich nicht unsympathischen Augen. Irgendeinmal viel später würde er sie in einer der nicht abreissen wollenden Auseinandersetzungen um seine nicht erwünschte Familienzugehörigkeit eine sture Bäuerin aus den Schweizer Bergen nennen. Wie sollte dieser Grossstädter in zugegebenermassen feinem englischem Tuch denn überhaupt wissen können, was eine Bäuerin aus den Schweizer Bergen war? Immerhin war sie eine Vorkämpferin für das Frauenstimmrecht in diesem bis 1971 von Männern dominierten Land. Es waren die Männer, die nicht über die schroffen Felswände hinaussahen! Einer, der diese Berge nur von Ansichtskarten kannte, musste ein noch sturerer Bock sein. Jawohl. Sie war eine Bäuerin. Wenn auch ohne Hof. Ein Schimpfwort, wie er es sich wohl einfach zu machen geglaubt hatte, war Bäuerin nicht. Nicht für sie. Niemals würde ein solcher Kerl an ihr mit harter Arbeit und viel Bauernschlauheit erwirtschaftetes Geld rankommen. Erbschleicher, der er war. Und wer wusste schon, vielleicht war die Heirat sogar nicht rechtmässig geschlossen worden.

Philip Jones hätte gerne in einer Kirche auf dem Land geheiratet und die Glocken von einem echten Bell Ringer läuten lassen. Aus administrativen und wohl auch terminlichen Gründen blieb nur London und die als älteste Kirche geltende St Bartholomew the Great. Eines der schönsten Gotteshäuser Londons. Philip Jones kannte zudem den Pfarrer. Geheiratet konnte aber nur werden, wenn man eine gesetzlich vorgeschriebene Zeit in der Gemeinde ansässig war und den Willen öffentlich geäussert hatte, den Bund fürs Leben zu schliessen. Der Mann mit einer Frau, die Frau mit einem Mann. Wer etwas gegen die Verbindung einzuwenden hatte, war berechtigt, seine Stimme dagegen zu erheben. Nach einer Besprechung mit der «Ursi» und den für St Bartholomew the Great zuständigen Leuten kam man überein, Philip Jones habe während der vorgeschriebenen Zeit einen Koffer mit persönlichen Effekten beim Sakristan der Kirche zu deponieren.

Nun ja. In der Schweiz kamen die Heiratswilligen in der jeweiligen Heimatgemeinde auch für ein paar Wochen ins für jedermann einsehbare Kästchen. Einsprache zu erheben, falls der Wunsch zur gesetzlichen Zweisamkeit nicht überall und allenthalben auf Zustimmung stiess, war durchaus auch gang und gäbe. Tricks waren ausgeschlossen. Wer wollte schon sein Jawort auf die Dauer, bis der Tod euch scheidet, unter erschwindelten Umständen ablegen.

Walter und Maria Strebi-Erni forschten nicht weiter nach und liessen es bei der Enterbung bewenden. Ob sie eventuell damit rechneten, dass eine zweistaatliche Ehe, hier die direkte Demokratie, in der die Frauen nur im Familienkreis und bloss mit Zustimmung des männlichen Vorstands mitzureden hatten, dort das komplizierte System einer konstitutionellen Monarchie mit einem aus Unterhaus und Oberhaus bestehenden Parlament, eher Gefahr laufe zu scheitern?

Später, als sich Ursulas und Philips Ehe als so robust erwies, dass weder verschiedene Währungen, Feinheiten der sprachlichen Unterschiede, divergierende kulinarische Gewohnheiten, fehlende Postautokurse über Grimsel, Furka und Susten noch die gewöhnungsbedürftige Untergrundbahn, weder der Föhn noch der Nebel Gründe lieferten, sich nicht zum Afternoon Tea und einem Apple Crumble zusammenzusetzen oder das Fondue zu stark zu vermissen, spielte das Geld keine entscheidende Rolle mehr. Selbst wenn die Eltern ihre Erbfolge revidiert hätten, weder Ursula noch Philip Jones hätten Hand dazu geboten.

Doch, das muss auch gesagt sein. Ursulas Vater half 1964 mit einem kleinen Darlehen, das Haus an der Hamilton Terrace zu erstehen. Der Kaufpreis betrug alles in allem 23 000 Pfund Sterling. Ein stolzer Preis. Damals. Das Pfund stand hoch im Kurs. Im Vergleich zu heute. Der aktuelle Kaufpreis einer Liegenschaft in einer der teuersten Gegenden Londons geht in die Millionen. Viele Millionen.

Philip Jones starb im Jahr 2000. Seither ist der Wert des Hauses weiter und exorbitant gestiegen. Ursula hat in ihrem Testament die zeitbedingten Änderungen vorgenommen. Bis auf den letzten Penny wird das Vermögen genau dorthin weitergegeben, wo die Musik, ihre Schöpfer und Interpreten sehr grosszügig davon profitieren werden.

Preise werden gestiftet, kulturelle Institutionen werden mit ansehnlichen Summen bedacht. Der Atem stockt, wenn Ursula vertraulich auflistet, was mit den Millionen geschehen wird, wenn sie das mit einer Gedenktafel für Philip Jones versehene Haus einmal nicht mehr bewohnen wird.

Mehr als bewundernswürdig ist, was die einst enterbte, in den Augen ihrer Freunde aufs Schlimmste gedemütigte Frau mit ihrem Geld bewirken wird. Was hätte sie sich alles leisten können! Sie, die ein Leben lang so bescheiden als möglich war, sich einzig mehrere kulturell oder archäologisch bedingte grosse Reisen, unzählige Konzerte, Opern, Theateraufführungen erlaubte, stets darauf achtete, weder bei Eintrittskarten, Flug- und anderen Beförderungstickets, bei Restaurantbesuchen und Kleiderkäufen nicht zu überborden. Selbstverständlich hätte sie sich dank ihres unermüdlichen Tatendrangs und Philips Stellenwert in der Musik alles erfüllen können, was sie begehrte. Davon zu profitieren, dass das Haus, für das sie und ihr Mann, bis es schuldenfrei war, sehr hart gearbeitet hatten, ohne ihr Dazutun eine schier unanständige Wertsteigerung erlebte, käme ihr mehr als bloss unmoralisch vor. Das Erbe aber dem Staat überlassen? Auch für eine Robin-Hood-Haltung hat Ursula kein Verständnis. Seit einiger Zeit wohnt in der Mews, im Kutscherhäuschen jenseits des Gartens, eine aus dem Iran immigrierte Familie. Als der Mann aus einer traditionellen Teppichknüpferfamilie ein eigenes Teppichreinigungsgeschäft eröffnen wollte und auf hartnäckigen Widerstand der Banken stiess, sprang Ursula spontan ein. Nicht leichtsinnig, wie Bekannte aus der wohlhabenden Umgebung ihr vorzuwerfen begannen. Das Kutscherhaus, sofern sich im Status der iranischen Familie nichts Unvorhergesehenes ändert, wird in ihren Besitz übergehen. Nicht als Geschenk. Der über die Jahre bezahlte Mietzins soll beim Kauf angerechnet werden.

«Ich habe seinerzeit mitdemonstriert, als mehr als eine Million

Londoner gegen den Irakkrieg George W. Bushs und Tony Blairs auf die Strasse gingen. Stolz trug ich ein No-War-Transparent hoch über mir her. Der Protest wurde missachtet. Wenn ich jetzt einer in Not geratenen Familie einen menschenwürdigen Lebensstil ermöglichen kann, ist mein friedlicher Protest gegen das Elend in dieser Welt vielleicht ein bisschen handfester und nachhaltiger.»

Als Ursulas Mutter 107 Jahre alt starb, ging ihr ganzes Vermögen mit Ursulas uneingeschränkter Zustimmung über in die Maria und Walter Strebi-Erni Stiftung. Ursula übernahm das Präsidium, reorganisierte den Stiftungsrat, zog einen klaren Trennstrich zwischen ihre Tätigkeiten in London und der mehr oder weniger auf die Zentralschweiz beschränkten Stiftung.

Ursula engagiert sich für das Luzerner Theater, das Lucerne Festival, das Luzerner Sinfonieorchester und versucht so viele Gesuche anderer, kleinerer kultureller Gruppierungen wie möglich zu berücksichtigen.

Dass sie ihre englische Ader in Luzern nicht ganz stilllegen kann, mag man ihr noch so gerne verzeihen. Im Rahmen der Zykluskonzerte der Gesellschaft für Kammermusik Marianischer Saal, Luzern, bringt sie seit vielen Jahren von ihr entdeckte junge Spitzenmusiker in die Schweiz, und das Luzerner Sinfonieorchester ist mit einem Konzert für Rising Stars eine wichtige Institution als internationale Plattform für Solisten am Anfang grosser Karrieren. Ab 2017 ist die Strebi-Stiftung Hauptsponsor der Debüt-Reihe am Lucerne Festival. Ebenfalls ab 2017 stiftet Ursula an der Hochschule Luzern – Musik einen Philip-Jones-Preis für den besten Blechbläser.

Ursulas untrügliches Sensorium für aussergewöhnliche Talente ist ebenso unbestritten wie die Tatsache, dass sie sich für ihre Schützlinge mit einem an Unerbittlichkeit grenzenden Engagement einsetzt, weder Zeit noch Überzeugungskraft scheut, wenn es gilt, selbst den steinigsten Weg zur Spitze der Pyramide zu ebnen.

«Lieber auf einen Empfang mit abgedroschenen Ansprachen, Champagner und deliziösen Häppchen verzichten und einen weiteren wichtigen Auftrittsort für die Tournee anbieten. Die Musik ist kein materieller, wohl aber ein ideeller Luxus.»

8

Piggy Bank

Ursula ist keine Frühaufsteherin. Aber eine Nachtfrau mit minimalem Schlafbedürfnis. Eine Folge ihrer jahrzehntelangen Arbeit im Musikbusiness. Und ihrer Ehe mit einem Musiker. Sie gewöhnte sich sehr leicht und schnell an die Arbeitszeit der Leute, die jeden Abend für andere zu Künstlern werden, auf der Bühne stehen, in Konzerthallen aufspielen, von Orchestergräben aus mit Sängerinnen und Sängern im Gleichschritt musizieren, allesamt Höchstleistungen erbringen, wenn die Menschen im Publikum den Alltag vergessen, die Batterien auf Stand-by schalten, sich zurücklehnen und nur noch geniessen wollen, wofür sie an der Kasse bezahlt haben.

Nach einem spätnächtlichen nahezu rituellen Bad und ein paar wenigen Stunden Schlaf steht Ursula um 8 Uhr morgens auf, bereitet sich mit einem althergebrachten Eintassen-Filtersystem einen starken Kaffee zu. Frisch müssen die gemahlenen Bohnen sein. Von einem Produzenten, der die Kaffeebauern nachgewiesenermassen anständig entlohnt und keine Kinderarbeit duldet. Ein Früchtesaft, eine Schale Müesli mit frischen Früchten. Wenn das Telefon vor neun schellt, wird es nicht abgenommen. Es sei denn, ihr Vertrauensmann bei der Luzerner Stiftung hat sich wegen der Zeitverschiebung von einer Stunde zuvor angesagt. Es gibt vieles zu besprechen. In einem Vorort Luzerns baut die Stiftung zur Sicherung ihres Vermögens und dessen Erträge einen sowohl architektonisch wie ökologisch und ökonomisch vorbildlichen Gebäudekomplex mit sehr hoher Wohnqualität. Die Vermietung lief sehr gut an, erlitt dann einen vorerst unerklärlichen Einbruch. Der tiefe Hypothekarzins hatte mehr Käufer als Mieter auf den Markt gebracht. Die Mieten garantieren aber ein regelmässiges Einkommen, aus dem den stetig steigenden Gesuchen gerechter nachgekommen werden kann als mit einmaligem Geld, das keinen oder mittlerweile sogar einen Negativzins abwirft.

Und dann ist da die Liegenschaft in Zug, die wegen nachbarschaftlicher Konflikte weniger zur materiellen als zur ideellen Hypothek wird. Ob ein Verkauf die Lösung wäre, darüber wird heftig diskutiert.

Es gilt, einen Termin für eine Sitzung mit Beratern zur Behandlung eines ganzen Berges von Beitragsgesuchen zu finden. Ursulas Terminkalender ist ein permanentes Problem. Die Sitzung hat aus naheliegenden Gründen in Luzern stattzufinden. So gerne die Stiftungsrätinnen und -räte nach London kämen, mit den Reisespesen kann bereits das eine oder andere Gesuch bewilligt werden. «Was habe ich mir da nur aufgebürdet?», fragt sich Ursula und unterdrückt den Stossseufzer. Die Stiftung existiert nun mal, muss am Laufen gehalten werden, und Luzern liegt nicht um die Ecke wie Lord's Cricket Ground. Ein passendes Datum wird gefunden.

Der Kanton Luzern hat übrigens einmal mehr klargemacht, dass es mit dem Geldausgeben so nicht mehr weitergehen kann. Überall muss der Rotstift angesetzt werden. Bei der Bildung genauso wie bei der Kultur. Und zwar ebenso rigoros wie beim Sozial- und Gesundheitswesen. Der Beitrag für das Luzerner Sinfonieorchester soll um eine halbe Million gekürzt werden, was einen Rattenschwanz an weiteren Abstrichen anderer Geldgeber zur Folge hätte. Die Strassen, das ganze Bauwesen und die Landwirtschaft würden noch viel mehr zu reden geben als Kultur und Bildung. Die Luzerner Regierung ist ein reiner Männerverein. Viel mehr als ein eiserner Sparwille kann von den «hohen Herren» nicht erwartet werden.

Geht es um Musik, ist mit Ursula nicht zu spassen. Ihre, also die Stiftung ihrer Eltern hat mit den Gönnern und Sponsoren eine Aufstockung des Orchesters und damit eine unüberhörbare Qualitätssteigerung ermöglicht. Die Alarmglocke wird von Ursula gehört.

Bevor ein paar Sachen für den Lunch gekauft werden müssen, bucht sie die Flugtickets vom London City Airport nach Zürich. Der Gründer der Streetwise Opera und ein weiteres Mitglied des Boards dieser genialen Institution zur Resozialisierung Obdachloser kommen zum Lunch. Es wird der berühmte Käsekuchen à la Ursula auf den Tisch kommen. Zum kleinen Supermarkt unten in der Clifton Road ist es nicht weit. Früher begegnete Ursula auf dem Weg ins «Dörfchen» mit den paar Läden, einem Pub und einem Blumengeschäft ihren Nachbarn oft zu einem kurzen Gespräch. Manchmal vergass sie darob, was sie eigentlich vorhatte. Umso mehr erfuhr sie viel Privates, Klatsch und Tratsch aus der Umgebung. Man tauschte sich aus, vereinbarte ein längeres Treffen. Da waren die Johnsons, die Leavers, die Strangs, die Mackerras, die Noakes, die Drummonds. Heute sind es nur noch die Strangs und sie. Die Häuser ihrer liebsten Nachbarn sind verkauft, ausgehöhlt und mit allen Errungenschaften des trendigen Luxuswohnens ausstaffiert. Lauter sehr reiche Leute, oder zumindest sehen sie so aus, die neuen Besitzer, die zum Teil, kaum eingezogen, schon wieder verkaufen. Worauf der neue Besitzer wieder alles aushöhlt, im Garten einen unterirdischen Swimmingpool baut, das ganze Quartier mit monströsen Maschinen erzittern lässt.

Nick und Deliah, die nach zwei Unfällen und bleibenden körperlichen Gebrechen das vom Basement bis unters Dach mit Kunst versehene Haus nicht mehr bewirtschaften konnten, verkauften die Liegenschaft unter dem Marktwert an eine äusserst sympathische Familie mit Kindern, der St John's Wood besser getan hätte als die anonymen Geschäftsleute aus den verschiedensten Ländern und

Ethnien. Nick und Deliah zogen aufs Land. In die Nähe ihrer Kinder. Die neuen Besitzer wurden nie gesehen. Nach der gesetzlich vorgeschriebenen Zeit wurde das Haus zu einem unverschämten Preis weiterverkauft.

Die Edgware Road mit dem orientalisch anmutenden Church Street Market ist auch nicht mehr, was sie einst war, mausert sich mehr und mehr zu einer etwas tiefer eingestuften Oxford Street mit unzähligen arabischen Restaurants.

Matt Peacock, der Gründer der Streetwise Opera, steht mit einem weiteren Vorstandsmitglied vor der Tür an der Hamilton Terrace 14. Im Esszimmer ist der Tisch gedeckt. In der Mitte ein Leuchter mit brennenden Kerzen. Die Gläser sind sehr alt. Wenn mit ihnen angestossen wird, erklingen phantastische Töne. Philip Jones war ein grosser Bewunderer und Kenner dieser «musikalischen» Gläser. Der Käsekuchen ist köstlich.

«Swiss cheese?»

«No. Cheddar from Tesco's down in the village.»

Es geht um ein weiteres Projekt, mit Obdachlosen eine neue Produktion anzugehen. Diesmal nicht in einer Kirche, eine Oper in unserer Zeit. Die Globalisierung, das absurde Management und der überbordende Einfluss der omnipräsenten Berater sollen sich wie ein roter Faden durch die Oper ziehen. Das Motto: «Something from nothing.» Das alles und nichts sagende Schlagwort: «Locateco Solutions.» Musikalisch wird das Projekt von Duncan Ward geleitet werden. Duncan ist der von Ursula entdeckte und konsequent geförderte Rising Star in der klassischen Musikszene. Es geht um Aufführungsorte. Das nationale Filminstitut an der Southbank wäre ideal. Eine Verbindung ist schon hergestellt. Die Geldbeschaffung läuft. Vom Premierminister ist Streetwise Opera als wegweisende soziale und künstlerische Organisation bezeichnet worden. Bald wird Geld die Sitzungen nicht mehr dominieren. Das Künstlerische kann stärker gewichtet werden. Wieder ist es Ursulas Terminkalender, der die nächste Zusammenkunft bestimmt. «That's Ursula. She belongs to us all.» Ohne sie würde alles noch so gut Angedachte auf die lange Bank geschoben. Wo bloss nimmt sie die Zeit her, wo diese nie versiegende Energie?

Im Garten steht eine kleine Steinskulptur mit einer Vogeltränke. Wahrscheinlich ein geheimer Jungbrunnen. Eine befreundete Archäologin ruft an. Ihre Arbeit über mexikanische Gottheiten wird als Buch erscheinen. Ob Ursula an der Vernissage eine kleine Einführung, eine Laudatio halten würde? Götter sind nicht Ursulas Spezialgebiet, aber sie kennt einen emeritierten Professor, den es bestimmt freuen wird, sich wieder einmal öffentlich zu machen.

Eine Reisegruppe des DRS-2-Kulturklubs kommt nach London. Ursula wird die Führung übernehmen. Konzertbesuche, eine Oper, ein Theaterabend und ein Abstecher nach Glyndebourne sind geplant und fast alles bereits in die Wege geleitet. Einzig Glyndebourne ist noch nicht im grünen Bereich. Die Eintrittskarten erscheinen den Organisatoren in der Schweiz etwas teuer. Ursula wird sich mit dem Direktor des ländlichen, exklusiven Opernhauses in Verbindung setzen. «A very close old friend.» Ursula wird's versuchen. Versprechen kann sie nichts, aber wenn Ursula etwas zu versuchen verspricht, heisst das so viel wie versprochen.

Die Geschäftsführerin der YCAT-Agentur ruft an. YCAT steht für Young Classical Artists Trust. Es geht um einen jungen Musiker, einen Blechbläser. Ursulas Meinung ist gefragt. Wer von YCAT betreut wird, hat die ersten Sprossen einer internationalen Karriereleiter bereits bestiegen. Über drei bis fünf Jahre werden die jungen Leute unter die Fittiche des Trusts genommen und so lange an andere, ähnliche Institutionen vermittelt, bis sie schliesslich auf eigenen Füssen in den bekanntesten Konzerthallen der Welt stehen. Das Belcea und das Sacconi Quartett wurden nicht nur von YCAT betreut, auch Ursula hatte ihre Hände mit im Spiel. Ursula gibt ihr Urteil ab. Vielleicht wird der junge Musiker bei YCAT aufgenommen. Auch hier: Eine Empfehlung Ursulas ist mehr als die halbe Miete.

Für eine archäologische Reise nach Mexiko sind noch mehrere Abklärungen zu treffen. Nicht alle Teilnehmer fliegen gleichzeitig nach Mexico City. Ursula will nicht, dass der Eindruck entsteht, sie allein bestimme die Route und die zu besuchenden Highlights. Letztlich bleibt aber doch alles in ihren Händen, und ihre Finger beginnen die Tastatur ihres Computers zu bearbeiten. Die Finger machen Schwierigkeiten. Eine schwierige Operation an den Halswirbeln hinterliess ein nicht zu vertuschendes Handicap. «Nicht der Rede wert. Die Chirurgen im Paraplegiker-Zentrum von Nottwil taten ihr Bestes. Hauptsache, ich kann wieder gerade gehen. Vielleicht sogar wieder Ski fahren.»

Als Ursula vor ein paar Jahren sowohl ein neues rechtes als auch ein neues linkes Kniegelenk bekommen hatte, stieg sie nach nur wenigen Monaten Schonung im Wallis aufs Allalinhorn. Sie sagt nicht, wie hoch dieser Berg ist. Soll sich doch jeder selbst ein Bild machen. Einem Freund versprach sie nach den Knieoperationen und einem Sturz, der verheerende Folgen hätte haben können, nie mehr nach einem Bus zu rennen. Und dann trat sie doch einmal neben den Einstieg eines Doppeldeckers. Das Knie schmerzte, und sie staunte, dass ein Gelenk wehtun konnte, das aus einer gefühllosen Legierung von Edelmetallen hergestellt wurde.

Der Wunsch, in ihrem Leben doch noch das Stepptanzen zu erlernen, wird von Jahr zu Jahr stärker. Wo die Schuhe dazu und die den Boden schonende Unterlage zu kaufen sind, hat sie sich längst erkundigt, das entsprechende Geschäft auch schon einmal besucht.

Ein Telefonanruf ins Royal Opera House in Covent Garden bestätigt ihren Verdacht. Für die hochgelobte Oper *Oedipe* von Georges

Enescu sind alle Vorstellungen ausverkauft. Returns zu ergattern ist aber immer möglich. Man müsste allerdings rechtzeitig anstehen. Also nichts wie los in Richtung Covent Garden. Der Hunger kann in der Pause gestillt werden. Sich umzuziehen ist nicht nötig. Vielleicht eine bessere Jacke. Die Kleider sind auch im königlichen Opernhaus nicht mehr das Wichtigste. Wohl soll man sich fühlen und nicht durch modische Zwänge eingeengt am Lustgewinn beim Anhören und Ansehen eines grossen Werks gehindert werden.

In der Untergrundbahn erzählt Ursula die Geschichte eines Stipendiaten der Kulturstiftung Landis & Gyr. Er war erst ganz kurz in London, kam zufällig bei der Festival Hall vorbei. Ehrfürchtig sei er vor der mächtigen Büste Nelson Mandelas gestanden und habe dahinter in einer Vitrine gesehen, dass am Abend das City of Birmingham Orchestra unter einem gewissen Simon Rattle Mahlers erste Sinfonie spiele. Der Stipendiat aus dem East End trug Jeans und ein schwarzes T-Shirt. Er kaufte eine der letzten Karten auf der Empore hinter dem Orchester und fragte an der Kasse nach dem Dresscode der Festival Hall. Die Dame am Ticketschalter beugte sich etwas vor, schaute an dem Mann hinunter, lächelte und sagte, dass er sich nicht umzuziehen brauche.

Musik, noch einmal, soll nie ein materieller Luxus sein.

Beim Anstehen für mögliche zurückgegebene Karten trifft Ursula einen Freund. Falls sie eine Karte ergattern könne, lade er sie in der Pause zu einem Glas Wein und ein paar feinen Häppchen ein. Michael Conroy wohnt um die Ecke bei der Residenz der Schweizer Botschaft. Seine Wohnung ist so gross, dass darin Hauskonzerte gegeben werden können. Ursula «besorgt» Michael die Musiker, Michael sorgt für das leibliche Wohl der Solisten und der Gäste. Sol Gabetta, Alison Balsom, Miloš Karadaglić und Ksenija Sidorova gehören zu den vielen Künstlern, die sowohl Ursula wie auch Michael vieles zu verdanken haben.

Eine Dame kommt hinter ihrem Computer des Box Office hervor und bietet Ursula zwei zurückgegebene Karten an. Nicht gerade die billigsten. Was soll's. Enescus grosse Oper *Oedipe* wird den Einsatz wert sein. Es wird in dieser Oper nach Sophokles französisch gesungen. Oft so, dass Ursula den Text verstehen kann. Ein überwältigendes Bühnenbild nimmt das Publikum vom ersten Blick darauf gefangen. Die Handlung ist mehr oder weniger bekannt. Wer kennt die Geschichte vom schuldlos Schuldigen nicht? Wer hat sich noch nie mit dem Ödipuskomplex auseinandergesetzt? Enescu zieht auch Sophokles' späteren Ödipus auf Kolonos in seine Oper mit ein und zeigt die Erlösung des Helden. Die Inszenierung und die Solisten überzeugen. In der Rolle des blinden Sehers Teiresias brilliert der britische Bassist Sir John Tomlinson. Sarah Connolly gibt ihre Rolle nicht minder hervorragend. Niemand fällt ab. Das Orchester ist präsent bis zum allerletzten Ton. Ein grosser Abend. Das Glas Wein und die leckeren Häppchen werden, vom Eindruck des bis zur Pause Erlebten, nahezu stumm verdankt. Man soll grosse Kunst nicht mit kleinen Worten entwerten.

Erschüttert steht Ursula unter der Glaskuppel Norman Fosters. Und jetzt? Etwas weiter themseabwärts und in der Nähe der English National Opera lädt Ursula in ihren Club ein. The Two Bridges. Eines der engsten Gässchen Londons führt zu einer unscheinbaren Tür. Ein Druck auf einen Klingelknopf, eine Frauenstimme, und Ursula nennt ihren Namen. Die Tür öffnet sich. Der Eingang ist noch enger als das Gässchen. Eine schmale, mehr als steile Treppe führt nach oben, wo eine junge, überaus sympathische Dame Ursula mit einer natürlichen Herzlichkeit begrüsst. Es ist eigentlich schon zu spät, aber für Ursula wird selbstverständlich eine Ausnahme gemacht. Noch ein schönes Glas Rotwein und einen leichten, assortierten Salat mit deliziösen Meeresfrüchten. Ab und zu muss man den ideellen Kunstgenuss mit einer Gaumenfreude abgleichen. Ein gutes

Essen, ein guter Wein in freundschaftlicher Gesellschaft kann einen Konzert-, Theater- oder Museumsbesuch mehr als nur abrunden. Immer vorausgesetzt, man hat einen hohen Gegenwert für den Preis der Eintrittskarte bekommen und das After Concert Dinner nicht so barbarisch heruntergeschlungen, dass es regelrecht heruntergespült werden muss und das Vokabular der geäusserten Meinung nicht das Niveau von Ursulas gebildeten ehemaligen Nachbarn erreicht, wenn sie von einem verlorenen Spiel ihrer Tottenham Hotspurs zurückkommen. Enescus *Oedipe* darf mit lauter wohlklingenden Äusserungen kommentiert werden. Auch wenn Strawinskys *Oedipus Rex* rein von der Musik her tiefer zu erschüttern vermag. Das versöhnliche Ende, das auch der Hoffnung eine Chance einräumt, stimmt milde. Dass die eben erlebte Oper unweigerlich zu einer gelinden Auseinandersetzung mit dem von Freud heraufbeschworenen Ödipuskonflikt oder -komplex führt, wirkt auf die noch nachklingende Musik.

Wenn schon, sagt Ursula, wäre es bei ihr ein Elektrakomplex. Auch sie hat sich auf eine erlösende Art und Weise mit ihrer Mutter ins Reine gebracht. Altersmilde? Bei der Mutter oder der Tochter? Bei beiden. Nein, 107 Jahre wie ihre Mutter möchte Ursula unter keinen Umständen werden. Diese totale Abhängigkeit von anderen. Der Verlust des Gehörs, das nahezu Erblinden, den ganzen Organismus nicht mehr aus eigenem Antrieb zu beherrschen. Bei Onkel Hans, der fast ebenso alt wurde und bis zuletzt von einem unermüdlichen Schaffensdrang beseelt war, mag das Alter erträglicher gewesen sein. Sagte man nicht irgendeinmal irgendwo, 100 000 seien für einen Politiker genug? Hundert, meint Ursula, sei für einen Menschen schon mehr als genug.

Dass die Löhne der Exekutivmitglieder einer Stadt seit der Frage nach einer Begrenzung auf 100 000 Franken massiv gestiegen sind, steht in einer ganz anderen Relation zur Lebenserwartung eines Menschen. Und würde die Frau oder der Mann noch so aus dem

Durchschnitt herausragen, weit über 80 Jahre sein und noch über eine Vitalität verfügen dürfen, die manch Jüngerem, ganz zu schweigen von den wegen jedes Bobos jammernden Männern, den purpurroten Neid ins Gesicht treibt, ist das zweifellos ein Privileg. Andere sagen vielleicht ein Geschenk Gottes. Wenn man sich dieses Privilegs einmal bewusst geworden ist, spielt alles andere mit jedem Tag eine zunehmend geringere Rolle. Verdanken, das hingegen ist für Ursula ein unumstösslicher Fakt, kann man dieses Geschenk nur mit einem unermüdlichen, selbstlosen Einsatz für Menschen, die das ganze Leben noch vor sich haben.

Drum jetzt Aufbruch nach Hause. Es gibt noch Briefe zu schreiben und per Mail eingetroffene Protokolle zu lesen. Ursula will für die auf morgen Vormittag angesagte Telefonkonferenz mit dem Stiftungsrat in der fernen Schweiz gerüstet sein. Mitternacht ist vorbei. Lange schon vorbei. Die Untergrundbahn fährt nicht mehr. Zu den Nachtbussen beim Trafalgar Square sind es nur ein paar Schritte. Dennoch, der Tag war lang. Man könnte sich allenfalls ein Taxi leisten. In einem schwarzen Cab zu sitzen, im Fond wie seinerzeit in King Richards mitternachtblauen Rolls-Royce Phantom Six, ist vor allem nachts immer noch ein Vergnügen, wie es weltweit vielleicht nur die Londoner geniessen können. Die Taxifahrer kennen die schönsten und aufregendsten Routen zu allen Zielen und sind dafür bekannt, dass sie trotzdem keine kostspieligen Umwege machen.

Ursula kennt die Geschichte von einem Autor, der sich draussen im East End in den Kopf gesetzt hatte, den Morden Jack the Rippers nachzugehen, sie womöglich zu dramatisieren, zu einem Hörspiel zu verarbeiten. Als der Kenner der monströsen Vorgänge des Jahres 1888 nach einem Empfang im Ballroom des Grosvenor House an der Park Lane ein Taxi bestieg, um in seine bescheidene Wohnung in Whitechapel zu fahren, fragte ihn der Fahrer, was er denn nach dem Besuch eines der teuersten Hotels in Whitechapel zu suchen habe. Dem

112

Cockney des wohl echten East Enders nicht gewachsen, versuchte
der Fahrgast zu erklären, dass er an einer Aufarbeitung der Taten Jack
the Rippers schreibe. Man war mittlerweile bereits bei der Liverpool
Street Station, der Fahrer schaltete den Taxameter aus und fuhr den
erstaunten Gast im dunklen Anzug, mit weissem Hemd und schwar-
zer Fliege zu allen Tatorten des Dirnenmörders von 1888 und wusste
weit mehr über die sozialen Verhältnisse von damals zu berichten, als
sich der vielleicht selbst ernannte Kenner der Szene angelesen hatte.

Ein wichtiges Detail blieb Ursula besonders in Erinnerung. Der
Taxifahrer soll erwähnt haben, die Königinmutter habe sich seinerzeit, als der Buckingham-Palast von den Deutschen bombardiert
wurde, dahin gehend geäussert, etwas Gutes habe der Angriff auf die
Krone immerhin, denn nun dürften sie, die Privilegierten, im bisher
verschonten Westen den viel stärker betroffenen East Endern wieder
in die Augen schauen. Hätte Queen Victoria eine ähnliche Achtung
vor den Bewohnern Londons östlich des Tower gehabt, Jack the Rip-
per hätte nicht den Nährboden für seine Scheusslichkeiten vorge-
funden.

Schade, dass der Abend mit der grandiosen Oper und dem sehr
späten kleinen Dinner schon zu weit fortgeschritten ist und, wie
schon angedeutet, noch ein paar dringende Angelegenheiten erledigt
werden müssen, sonst wäre sie jetzt gerne bereit gewesen, statt west-
wärts mit einem Nachtbus in den Osten zu fahren und, nachdem ihr
Enescu schon den kalten Schweiss über den Rücken getrieben hatte, noch ein wenig Whitechapel-Grusel zu erleben. Statt Trafalgar
Square schlägt Ursula Piccadilly vor. Man sei dann schon mal in die
richtige Richtung unterwegs, und es gebe die Möglichkeit, mit dem
einen oder anderen Bus bis zum Oxford Circus zu fahren, dort um-
zusteigen und bequem direkt nach Hause zu fahren. Sie kennt alle
Alternativen. Sie ist Besitzerin eines Freedom Pass, jener genialen
Errungenschaft, von der alle in London registrierten und Steuern

bezahlenden Menschen über 60 Jahre profitieren. Freie Fahrt in allen öffentlichen Verkehrsmitteln über alle Tarifstufen. Das sind übers ganze Jahr gut 1000 Pfund Sterling. Selbst schuld, wer dieses Privileg nicht ausnutzt. Auch nachts. Ursula geht mit grösstmöglicher Selbstverständlichkeit davon aus, dass die Busse ein absolut sicheres Transportmittel sind. Das ist keineswegs blauäugig, wie einige ihrer älteren und ängstlich gewordenen Freundinnen ihr ständig beizubringen versuchen. Selbstverständlich weiss auch sie, dass es Menschen mit viel kriminellem Potenzial gibt, dass Diebstähle an der Tagesordnung sind, älteren Damen die Handtaschen entrissen werden. In einem der vergangenen Winter, als mehrere Zentimeter Schneematsch auf der Hamilton Terrace lag und es immer noch so stark schneite, dass die Scheibenwischer kollabierten, sah sich Lady Mackerras gezwungen, beim Parkieren vor ihrem Haus beide Seitenfenster herunterzukurbeln. In dem Moment griff ein junger Mann, zweifelsohne kein Zugewanderter, sondern ein blasser, dreister Einheimischer, mit seinem langen Arm und noch längeren Fingern ins Innere des Wagens, packte die auf dem Beifahrersitz liegende Handtasche und verschwand, bevor die zierliche Lady rabiat, wie sie sein konnte, sich gegen den Raubüberfall zur Wehr setzen konnte. In St John's Wood war die Empörung nicht zu überhören. Vermehrt war von Neighbourhood Watch die Rede. Die Polizei lud zu Informationsabenden ein. Die Folge war eine zunehmende Verunsicherung der älteren Menschen. Mehr und mehr zogen sie sich hinter ihre vergitterten Türen und Fenster zurück.

O doch. Seit sie und Philip Jones vor einiger Zeit beruflich beide etwas länger abwesend waren und ein bestens informierter Dieb übers Dach und durch das Fenster in Philips Studio einstieg und sich der wertvollen Sammlung von alten Uhren und Blasinstrumenten bemächtigte, sind die bis damals als sicher geltenden Fenster auch vergittert. Statt sich vor jedem Fahrgast, der sich im Nachtbus neben sie setzt, zu fürchten und in ihm einen Bösewicht zu vermuten, beginnt Ursula sich mit den Leuten zu unterhalten, die bestimmt auch nichts anderes im Sinn haben, als unbehelligt durch die Nacht nach Hause zu kommen. Von unzähligen Begegnungen der besten Art weiss Ursula zu berichten. Eine ältere Araberin, mit der sich Ursula von Charing Cross bis St John's Wood Road über Kopftuch, Burka und den Ramadan unterhielt und sich, ohne es sich anmerken zu lassen, über das drollige, aber durchaus verständliche Englisch amüsierte, bedankte sich für die Unterhaltung mit einer spontanen Umarmung und wünschte Ursula «good knife».

Zu Hause an der Hamilton Terrace hat Ursula vor der noch anstehenden Arbeit, dem allnächtlichen Bad und dem Zubettgehen Lust auf ein kleines Gläschen Baselbieter Kirsch. In der Küche, wenn das ganze Haus und die Umgebung dunkel sind, redet es sich am besten. Sie entnimmt ihrem Portemonnaie 25 Pfund in Noten und steckt das Geld in einen vorbestimmten Umschlag. Früher war es ein Sparschwein. Eine Piggy Bank. Wahrscheinlich hätte das Taxi nur etwa 22 Pfund gekostet. Um Gutes zu tun, sollte man nicht kleinlich sein. Seit sie einen Freedom Pass besitzt und ihn eifrig benutzt, legt sie das Geld, das sie für bequemere Taxifahrten ausgegeben hätte, in eben diese Piggy Bank und finanziert seit Jahren eine junge Musikerin oder einen talentierten Musiker. Mag sein, dass der Gedanke an das gesparte Geld sie auf den fast allnächtlichen Fahrten mit einem Schutzschild umgibt und sie für krumme Absichten unantastbar macht.

9

Die Hiobsbotschaft

Die drei Jahre mit dem Philharmonia Orchestra waren für Ursula mehr als Lehr- und Wanderjahre. Der Vergleich mit dem kalten Wasser, in das sie weder der Not gehorchend sprang noch von fremden Händen gestossen wurde, hinkt nur schon deshalb, weil sie auch bei hohem Wellengang eine gute Schwimmerin war und immer noch ist. Ein Beispiel dafür ist eine geplante Reise, die sie kurz nach einer krebsbedingten Operation nicht verschieben wollte. Den Ärzten vom Luzerner Kantonsspital vertraute sie und ging davon aus, dass wer aus dem Krankenhaus entlassen werde, selbstverständlich als geheilt gelte.

Lady Mackerras, ihre etwas ältere Nachbarin, die sich kurz vor Ursula ebenfalls wegen Brustkrebs operieren lassen musste, aber erstaunlich schnell wieder genauso aktiv wie zuvor auf den Beinen war, gestand ihrem Mann einmal, seit dem Verlust einer Brust die Welt etwas schwärzer zu sehen, als sie ohnehin schon an Farbe verloren habe. Sie fühle, wie auf ihrer Palette die Farben zur Aufmischung fröhlicher Bilder ausgetrocknet seien, sich dem Pinsel verweigerten. Der grosse Dirigent Sir Charles Mackerras nahm seine Frau in die Arme, sang zu der Melodie eines alten australischen Kinderliedes: «What a pitty, she's got only one titty.» Kam in der Folge das Gefühl wieder auf, keine vollwertige Frau mehr zu sein, summte Judy Mackerras Sir Charles' vielleicht doch etwas frivoles Liedchen ohne Worte. Bestimmt wäre es ihr nie in den Sinn gekommen, Sir Charles' gut gemeinten Trost als Missgriff in eine sexistische Mottenkiste zu ahnden. Die Melodie mochte sie. Die Worte dazu brauchte sie nicht.

Ursula fuhr mit der noch nicht vollständig verheilten Operationswunde in die Berge, und danach ging sie auf eine archäologische Reise in die Türkei. Eine andere Nachbarin begleitete sie und wechselte den Verband, wenn Ursula sich nicht davon abhalten liess, von der Segelbarke ins tiefblaue Wasser zu springen und ausser Reichweite der Warnrufe zu schwimmen.

In der Welt der Musik gab es vor allem Stürme in halb vollen oder je nach Sichtweise halb leeren Wasser-, vielleicht auch Wein- oder Schnapsgläsern. Ging jemand über Bord, war es Ursula, die als Erste mit einem Rettungsring zur Stelle war.

Als sie sich beim Philharmonia Orchestra mehr als bloss eingearbeitet hatte und entsprechende Signale bekam, machte sie sich berechtigte Hoffnungen, von der Sekretärin zur Managerin berufen zu werden. Walter Legge stellte sich gegen Ursula quer und zog der quirligen Schweizerin eine bedeutend weniger dynamische Frau vor. Ursula ging fest überzeugt davon aus, persönliche Animositäten oder vielmehr ihre Verbindung zu dem ihren Eltern nicht genehmen Philip Jones seien der Grund gewesen, weshalb der Besitzer des Orchesters und guter Bekannter ihres Vaters sie überging.

«Dann stelle ich mir eben ein eigenes Orchester zusammen.»

Ursulas nicht sehr ernst zu nehmender Trotz kollidierte vorerst noch mit der Gründung einer Londoner Ablage des Kunstkreises des Herrn Schweizer aus Luzern. Qualitativ hochstehende Kunstdrucke wurden im Abonnement unters Volk gebracht. Man mag heutzutage vielleicht ein etwas müdes Lächeln übrighaben für die Leute, die sich ihre Van Goghs, Matisses, Mirós und Kandinskys in die Wohnung hängten. Der Kunstkreis wurde unter Ursulas Führung in London zur International Art Club Editions. In Mansfield Mews, dem damaligen Wohnsitz von Ursula und Philip Jones, lebten nebenan in der

ersten Etage auch Ursulas verwitwete Schwiegermutter und der Bank-
angestellte Charles Peters, ein enthusiastischer Liebhaber der Oper,
Verehrer und Freund Maria Callas'. Im Erdgeschoss entwickelte sich
die International Art Club Editions nach Schweizers Erfolgsrezept
mit investierten Gewinnen zu einem blühenden Unternehmen.
Auch das English Chamber Orchestra wurde in Mansfield Mews zur
Institution. Weil der Traum vom eigenen Orchester schneller als erwartet einer Verwirklichung entgegensteuerte und Ursula ihr ganzes
Leben lang nie eine leidenschaftliche Geschäftsfrau war (jetzt trotz
ihrer immensen Verantwortung gegenüber der Strebi-Stiftung wohl
auch nicht mehr werden wird) und wahrscheinlich auch das Nachlassen der Nachfrage für Kunstdrucke voraussah, verkaufte sie das
ganze Business nach drei Jahren und konzentrierte sich nur mehr auf
ihre Orchesterarbeit und die Karriere ihres Mannes Philip Jones.

Quintin Ballardie war damals der Besitzer des Goldsbrough Orchestra, eines Kammerorchesters auf sehr hohem Niveau. Er war auf
der Suche nach einer versierten Orchestersekretärin und fand sie in
Ursula, die aber zu seinem Erstaunen so viel Initiative ins Geschäft
brachte, dass ihm ab und zu fast ein wenig schwindlig wurde. Goldsbrough. Diesen Namen konnte im Ausland niemand auf Anhieb
richtig aussprechen. Sollte, musste der erfahrene Orchestermanager
nachgeben? Doch. Ja. Die junge Frau bewegte sich in mehreren
Sprachen. Mit ihr konnte der Schritt in die Welt gewagt werden,
könnte gelingen, wovon auch Quintin Ballardie träumte. Die Welt
stand der Musik wieder viel offener gegenüber als in den unmittel-
baren Nachkriegsjahren. Zudem kannte man englische Orchester im
ganzen Empire. Auch wenn der politische und herrschaftliche Einfluss an allen Ecken und Enden zu erodieren begann.

English Chamber Orchestra? Etwas gar einfach. Aber einleuchtend. Und tatsächlich neu. Was eine junge Schweizerin, auch wenn
sie mit einem aufstrebenden englischen Trompeter verheiratet war,

erfand, durfte ein gestandener Impresario ohne Skrupel für sich beanspruchen. Auch dann, wenn dieser Philip Jones, das wusste ein Fuchs wie Quintin Ballardie früher als viele andere, die Bläserszene schon bald von Grund auf aufmischen und beherrschen würde und seine Frau von Grössen wie Herbert von Karajan, Wilhelm Furtwängler, Edwin Fischer, Geza Anda, Karl Richter und anderen Koriphäen protegiert wurde.

Ursula Jones und Quintin Ballardie wurden zum Erfolgsduo, auch wenn es nicht immer spannungsfrei funktionierte. Sie spürte die Solisten und Dirigenten auf, er verpflichtete sie und garantierte für die besten auf dem Markt «erhältlichen» Musiker. Dass die phänomenale Cellistin Jacqueline du Pré zusammen mit Daniel Barenboim am Flügel spielte, Karl Richter mit von der Partie war, Pinchas Zukerman zum zweiten Teufelsgeiger avancierte, nichts war zufällig. Grossartige Flötisten. Anita Lasker-Wallfisch, die Cellistin von Auschwitz. Lauter junge Leute, grosse Interpreten, alle Meister ihres Fachs. Eine goldene Zeit brach an. Ursula gab dem zu Recht hochgelobten Pianisten Daniel Barenboim die Chance, sich als Dirigent zu versuchen. Oft gingen solche Wechsel nicht gut aus, erwiesen sich die verschiedenen Funktionen als zwei Paar Schuhe. Das Orchester war dafür der beste Seismograf. Bei Daniel Barenboim schlug er mit einer nie erlebten Stärke aus. Das English Chamber Orchestra hatte seinen Maestro gefunden!

Das Gespann du Pré/Barenboim war kaum zu zügeln. Beide neugierig und jung, beide leidenschaftlich. Er an englischer Musik nur beschränkt interessiert, sie konnte mit Wagner nicht allzu viel anfangen. Musikalisch entstanden faszinierende Reibungsflächen, die mit der bedingungslosen leidenschaftlichen Hingabe zueinander zu stets neuen Höhepunkten führten. Ob das English Chamber Orchestra es ohne die beiden Genies zu seinem Weltruf geschafft hätte? Ob Daniel Barenboim und Jacqueline du Pré ohne das ECO so schnell die

Sterne vom Himmel geholt hätten, nach denen sie zu Recht gegriffen hatten?

Ursulas English Chamber Orchestra war keine Talentschmiede. Die begabtesten Musiker hatten sich dank Quintin Ballardie zusammengefunden, und Ursula formte die Ansammlung von selbstüberzeugten Instrumentalisten und Individualisten zu einem Orchester.

Dass Ursula an Daniel Barenboims Karriere teilhatte, zeigte sich in der Dankbarkeit des grossen Dirigenten und Pianisten. Als Ursulas Mutter 90 wurde, Ursula und Daniel Barenboim sich am Lucerne Festival trafen, anerbot er sich spontan, zum 100. Geburtstag Maria Strebis ein Privatkonzert zu geben. Zwei Jahre vor dem Ereignis machte sie ihn auf sein Versprechen aufmerksam. Er sei zum fraglichen Zeitpunkt auf einer Tournee in Südamerika, stellte er mit grossem Bedauern fest. «Was aber, wenn wir die Geburt als ersten Geburtstag einsetzten?» Daniel Barenboim reiste am 99. Geburtstag von Ursulas Mutter nach Luzern und spielte im Marianischen Saal mehr als bloss ein Ständchen. Es war ein veritables Konzert mit grosser Hingabe, mächtigem Beifall und Zugaben.

Ursula ging in ihrer neuen Aufgabe vollkommen auf. Sie wurde zum English Chamber Orchestra, sie allein organisierte die Konzerte, fixierte die Musikerinnen und Musiker, plante Tourneen, und vor allem hatte sie dafür besorgt zu sein, dass das ECO finanziell über die Runden kam. Es fällt schwer, sich vorzustellen, wie eine einzelne Person es schaffte, einen Orchesterbetrieb am Laufen zu halten. Es gab keine Kopiergeräte. Wenn vervielfältigt wurde, dann mit Kohlepapier zwischen den Seiten. Vieles wurde von Hand geschrieben und immer wieder durchgestrichen, ausradiert, ergänzt. Das Telefon war das wichtigste Kommunikationsmittel. Immer wieder der Griff zum Hörer. Das Wort galt. Überall. Anders wäre alles den Bach runtergegangen.

Dass Ursula heute noch mit 85 Jahren nicht zur Ruhe kommt,

nach glücklich überstandenen Schwierigkeiten ständig und überall dort anzutreffen ist, wo auch die bestorganisierten Institutionen an ihre Grenzen stossen, muss auf die Schule zurückzuführen sein, die für sie das English Chamber Orchestra, der International Arts Club und die West-End-Musicals waren. Ein Mensch, der acht Stunden Schlaf, eine geregelte Arbeitszeit und unabdingbar materielle Sicherheit braucht, schafft Ursulas Pensum nie. Nach einem Tag mit einem schwierigen Computerproblem, Gesprächen mit den vorbestimmten Testamentsvollstreckern, mit einer nicht rechtzeitig auf ein wichtiges Datum auf den neuesten Stand gebrachten Website, einer zu kurzen Lunchpause, einer Verkehrsstörung auf dem Weg ins Zentrum Londons, einem beinahe verpassten letzten Einlass zu einer Ausstellung im National Portrait Museum und einem fast verbummelten Abendessen im Club, erzählt die Managerin im «Two Bridges», zu der Ursula in kürzester Zeit ein schönes Freundschaftsverhältnis aufbaute, eine stets so gut gelaunte Person wie Madame Ursula sei ihr noch nie begegnet.

Vor zwei Tagen wurden die Uhren von der Sommer- auf die Winterzeit umgestellt. In Ursulas Haus gerieten das Warmwasser- und das Heizungssystem durcheinander. «Das Badewasser fühlte sich an, als stiege ich in einen Bach am Tor eines Gletschers.» Die am Tisch anwesenden Engländer, Nachkommen alpiner Pioniere, verstanden den Schock. «Hätte jemand die Worte gehört, die mir als Kommentar zur Entheiligung meines nächtlichen Baderituals über die Lippen rutschten, die Meinung über die stets gut gelaunte Ursula müsste schwer geändert werden.»

Ein realistisches Bild ihrer Tätigkeit als umtriebige Orchestermanagerin, innovative, kluge Programmgestalterin und gewissenhafte Verwalterin des unter ihr zur Legende gewordenen ECO machte sich die Musikwelt erst, als sie 1974 nach 14 Jahren das Management in andere Hände übergab, «ihr Kind» jemand anderem anvertraute.

Eigene Kinder waren ihr versagt geblieben. Eine starke persönliche Bindung gibt es zu der chinesischen Pianistin Miduo und dem Trompeter Ying, denen Philip und Ursula zu Stipendien in London und später zum Fussfassen in der Schweiz verhalfen. Stolz ist sie auf die über Jahrzehnte hinweg in die Wege geleiteten «Fremdgeburten». Eine Ersatzmutter hingegen wollte sie nie sein. Diesen Status kennt sie von beiden Seiten betrachtet nur zu gut. Wo sie die Steigbügel zum Aufsitzen und Überwinden hoher, oft zu hoher Hindernisse immer im genau richtigen Moment in ihre Hände nahm, von dort kam und kommt unendlich viel Dankbarkeit zurück. Sich aber mit den Karrieren ihrer Schützlinge zu brüsten? Um Gottes willen! Eine grosse Karriere kann ihrer Meinung nach nie eine einzelne Person bewerkstelligen. «Eine Strasse, auf der man zügig vorankommt, baut auch keiner allein.» Dennoch. Aufzuzählen, wie viele kulturelle Projekte ohne Ursulas unermüdliches Engagement nicht zustande gekommen wären, käme einer Sisyphusarbeit gleich. Unzählige persönliche, handgeschriebene Briefe, private Telefonanrufe. Kein Brief, kein Telefon, keine E-Mail, selbst zum gleichen Anlass, vervielfältigt.

Ursula ist davon überzeugt, in der ungeheuren Flut von Veranstaltungen habe heute nur mehr eine Chance zum grossen, zum wirklichen Durchbruch, wenn andere, kompetente Menschen sich für junge Künstler persönlich einsetzten. «Ein handgeschriebener Brief bewirkt mehr als tausend Freunde auf Facebook oder noch mehr Twitter Followers.» Wohl deshalb sieht Ursulas Terminkalender aus wie das Schlachtfeld eines dem Burn-out nahen, global verbundenen CEO eines unüberschaubaren Imperiums.

Heute steht am Nachmittag ein Treffen mit einem Anwaltskollektiv zur Regelung ihres Nachlasses an. Auch wenn das dereinstige Vermögen aus dem Erlös der Liegenschaft an der Hamilton Terrace auf verschiedene Legate aufgeteilt werden wird, das ganze Paket kommt zuallererst in die Hände der Royal Philharmonic Society.

Ursulas Wille hat auf zwei A4-Seiten Platz. Um allen Eventualitäten gerecht zu werden, sind zehnmal mehr mit Paragrafen vollgepackte Seiten notwendig.

Seit Langem ist der Abend für einen Besuch im Wanamaker Theatre in Southwark vorgesehen. Der eingeladene Freund, ein Stargitarrist, dessen eine Hand nach einer Pause verlangt, muss wegen dringend verordneter Therapie absagen. Ursula lädt eine Freundin ein, die sie auf einer Südamerikatournee ihres English Chamber Orchestra kennenlernte. Alexandra war die Gattin des englischen Botschafters in Peru, verwitwet und ebenfalls eine spätberufene Archäologin. Sie steht kurz vor dem Abschluss einer umfassenden Arbeit über peruanische Steinskulpturen der präkolumbischen Zeit. Auch sie eine Dame über 80 mit einer ungebrochenen, geradezu jugendlichen Vitalität. Ein zauberhaftes Stück von John Milton geht über die Bühne. Ursula und Alexandra amüsieren sich grossartig. Das Stück im bis auf den allerletzten Platz ausverkauften Theater ist 400 Jahre alt. Die Entdeckung im Wanamaker Theatre muss gefeiert werden. Das Wiedersehen ebenfalls.

Ja, ja. Damals in Lima. Das ECO auf grosser Tournee. Das frenetisch aufgenommene Konzert. Der Empfang in der englischen Botschaft. Und wenn schon, dann auch noch zum Machu Picchu. Die Zeit war aber zu knapp. Es kam als Ausgangsort nur Cusco infrage. Die Warnungen wegen der zu dünnen Luft auf 4000 Metern über Meer wurden vom englischen Eroberergeist in den Wind geschlagen. Das halbe Orchester kollabierte. Die Dinnerparty in der englischen Botschaft erwies sich in erster Linie als erstbeste Gelegenheit, den ebenfalls auf die dünne Luft zurückzuführenden Heisshunger zu stillen. Alexandras Mann wurde von Lima nach Wien versetzt.

«Wahrscheinlich wurde ich von Ursulas unstillbarem Interesse an allem Archäologischen angesteckt, von dieser aussergewöhnlichen Frau, die neben der Verantwortung für den hungrigen Haufen par-

124

tiell zügelloser Musiker jede Zeit aufbrachte, sich mit der präkolumbischen Zeit Südamerikas auseinanderzusetzen.»

Alexandra glaubt zu wissen, dass Ursulas Kindheitswunsch, die Schätze längst vergangener Zeiten auszugraben, auf den Konzertreisen des ECO durch die ganze Welt erst so richtig geweckt wurde. Überall, wo die Archäologie lockte, war sie damals als Laiin kaum zu halten und verstand beim besten Willen nicht, wenn ihre Musikerinnen und Musiker in den freien Stunden oder Tagen zwischen den Konzerten sie nicht zu den Ruinen, zu dem für sie so ungemein wichtigen Rubbish begleiten wollten. Dabei verfügte sie doch über einen schier unwiderstehlichen Charme …

Als der lokale Guide ihr in Cusco am Abend vor dem Rückflug nach Lima mitteilte, das Flugzeug stehe wegen anderweitiger Buchungen nicht mehr zur Verfügung, dachte Ursula zuerst an einen dummen Scherz. Ein mit den Gegebenheiten Perus vertrauter Musikliebhaber machte sie darauf aufmerksam, dass sie sich wohl oder übel damit abfinden müsse, sich bei dem für das Flugzeug zuständigen Beamten finanziell erkenntlich zu zeigen, damit er für den nächsten Schritt zur Sicherstellung des Flugplans nicht mit leeren Händen dastehe. Ursula verfügte über kein Bargeld, konnte nichts flüssigmachen. Es blieb ihr nichts anderes übrig, als so lange mit diesem korrupten Kerl zu flirten, bis der letzte Kontrabass und die Pauken im Flugzeugbauch verstaut waren und das Orchester sich an Bord befand.

Ein andermal in Saloniki wagte ein Impresario und Verehrer, der sich als spendabler Gönner zeigen wollte, Ursula zu einem Tête-à-Tête bei einem Candle-Light-Dinner in einem lauschigen Restaurant hoch über dem Meer einzuladen. Ursula brachte das halbe Orchester mit und gab vor, als bloss für zwei Personen aufgedeckt war, die Einladung missverstanden zu haben. Das ECO wurde nie mehr zum Festival in Saloniki eingeladen. Sich in fremden Sprachen eindeutig zu verständigen habe schon immer seine Tücken gehabt, entschuldigte sich die diplomierte Übersetzerin.

Ursula, das wohlbehütete Mädchen aus Luzern, einer Stadt, die während des Sommers mit einem bedeutenden Musikfestival auftrumpfte und dann wieder von der Weltkarte der Musikstädte verschwand, konnte sich verführerisch naiv geben, fast so naiv wie einer ihrer Cellisten im Bahnhof von Malmö, als er zusammen mit anderen Orchestermitgliedern in der Auslage eines Kiosks zum ersten Mal gleich mehrere Zeitschriften und Magazine mit Fotos nackter Frauen sah und erstaunt feststellte: «My wife doesn't look like that at all.»

Die Welt war in den 1960er-Jahren für viele der Orchestermusiker samt Dirigenten, Solisten und Managerin noch mehr oder weniger in Ordnung. Anzeichen, dass da und dort Bruchstellen festgestellt werden konnten, durften getrost übersehen werden. Nach Beirut zu fliegen und unter Raymond Leppard in Baalbek an zwei Abenden Purcells *Phantasie in c-Moll*, Schönbergs *Verklärte Nacht*, Honeggers *Concerto da Camera*, Haydns *Sinfonie Nr. 85*, Bachs *Brandenburgisches Konzert Nr. 3*, Mozarts *Sinfonia concertante*, Malcolm Arnolds Flötenkonzert und Schuberts *Fünfte* zu spielen, war ein Vergnügen, und Ursula richtete alles Drumherum zur besten Zufriedenheit. Zwei Tage später glänzte Daniel Barenboim in Volos mit Bartóks *Divertimento* und einem Mozart-Klavierkonzert. Dann via Saloniki nach Zürich fliegen und in Luzern wieder mit Barenboim wahre Sternstunden mit Mozart, Bartók und Beethoven. Tags darauf triumphierten das Orchester und Barenboim mit Schubert, Mozart und Beethoven in Stresa.

Die Türen zu den Konzertsälen standen mehr als bloss einen Spalt weit offen. Ursula reiste mit ihrem Orchester mehrmals um den Globus. Wo immer das English Chamber Orchestra auftrat, wurden Quintin Ballardies Musiker und Ursulas Dirigenten, Solis-

ten und Programme euphorisch empfangen, und die Kritiker überboten sich mit Elogen.

Und dann auf dem Höhepunkt die Hiobsbotschaft: Ursula Jones,
die Managerin mit ausgesprochen starker Hand und extrem feinem Fingerspitzengefühl, verlasse das ECO. In unzähligen Medien-
berichten und persönlichen Stellungnahmen wurde der von Ursula
wohlüberlegte Schritt bedauert. Paul Sacher, der als Mäzen viele
Kompositionen für das ECO ermöglichte und als Dirigent die Zusammenarbeit mit Ursula über alles schätzte, war entsetzt. Der British Council als Mitorganisator der Konzerttourneen im In- und
Ausland bat Ursula, der Musikwelt nicht verloren zu gehen. Isaac
Stern identifizierte Ursula mit dem ECO und empfand ihren Abgang als Schock. Aus Buenos Aires meldete sich ein tieftrauriger
Alejandro Sternenfeld. Die Settimane Musicali di Stresa verfiel in
Trauer. Das London Symphony Orchestra sprach vom Ende einer
grossen Ära. In Barcelona war das ECO ohne Ursula unvorstellbar.
Die Vereinigung Britischer Orchester bat Ursula, auch in Zukunft
jederzeit erreichbar zu bleiben. Die BBC stellte traurig fest, dass es in
ihren Studios nie mehr so schön sein werde wie mit Ursula, wo es
dank ihr in den schwierigsten Situationen immer ganz einfache Lö-
sungen gegeben habe. Die Konzertsäle der Londoner Southbank,
Royal Festival Hall, Queen Elizabeth Hall und des Purcell Room,
blickten auf eine Zeit zurück, die mit ihren Glanz- und Höhepunkten nie mehr zurückkehren werde. Geza Anda schrieb von einer un-
erhörten Fruchtbarkeit und tief menschlichen Beziehung zwischen
Ursula und ihren Musikern. Der *Daily Express* schrieb von einer Persönlichkeit, mit deren Hilfe ohne Ausnahme gerechnet werden
konnte. Der Senior Music Producer der BBC schrieb Ursula, sie
werde an allen Ecken und Enden vermisst werden: im Orchester, im
Konzertsaal und weit darüber hinaus. Der 90-jährige Sir Robert
Mayer konnte sich das ECO ohne die Seele Ursula mit dem besten

Willen nicht vorstellen. Die London Sinfonietta hatte nichts als eine immense Bewunderung für Ursula mitzuteilen. Wie einsam würde die Musikszene ohne sie sein! In der Peter Stuyvesant Foundation rieb man sich mehrmals die Augen, als man Ursulas Entscheidung schwarz auf weiss gedruckt sah. Es waren feuchte Augen. Die EMI werde die Zusammenarbeit mit der wunderbaren Ursula zutiefst vermissen. Ihre von allen hochgelobte Kompetenz hätte jedes gemeinsame Projekt zu einem freudigen Ereignis werden lassen. John Lewis wollte sich nicht vorstellen, wie die so fruchtbare Zusammenarbeit mit dem ECO ohne die warme Herzlichkeit Ursulas funktionieren konnte. Das Chichester Festival bat Ursula, sich immer wieder an das einzigartige ECO-Konzert mit der grossartigen Jessye Norman zu erinnern: «That was you, dearest Ursula.» Das McRobert Center der University of Stirling Scotland machte Ursula verantwortlich für eine der grössten Zeiten der britischen Musik. Die Konzertgesellschaft Wuppertal schrieb: «Es war eine grosse Zeit mit Ihnen und Ihrem ECO. Wir werden Sie sehr vermissen und können uns nur sehr schwer vorstellen, wie die Lücke zu füllen ist, die Sie hinterlassen. Wir wussten, dass wir uns auf Sie und Ihre Konzertgestaltung verlassen konnten. Ohne sich auch nur im Geringsten anzubiedern, trafen Sie mit Ihren Programmen den anspruchsvollen Geschmack unseres Publikums.» Ibbs and Tillett, die Konzertmanager und Impresarios der Wigmore Hall, schätzten die wunderbare künstlerische und geschäftliche Beziehung. Aus der BBC meldete sich der oberste Musikprogrammleiter. «Was war es doch immer für ein Vergnügen, mit Ihnen, liebe Ursula, zusammenzuspannen. Es fällt sehr schwer, mir eine enge Beziehung zum ECO ohne Sie vorzustellen.» Aus Madrid kam der Seufzer: «What a pitty no more having the pleasure to dealing with you.» Music Ltd. brachte das Bedauern auf den Punkt: «Ihr Enthusiasmus, Ihr einzigartiges diplomatisches Geschick, Ihre stets perfekte Arbeit und Ihre Herzlichkeit waren Leuchttürme in der oft stürmischen Welt der guten Musik.» The Decca Record Company war ganz einfach und sehr berechtigt traurig über den schweren Verlust. Das King's College in Cambridge drückte sein Bedauern so aus: «Ursula and the ECO. What a unique institution! And now?»

Es war in Cambridge, wo Ursula dem Wunsch Daniel Barenboims zum ersten Mal nachkam und ihm die Chance gab, sich als Dirigent zu versuchen. Wohin der Versuch führte, diese grandiose Reise verdankt die Welt Ursula Jones, die den Applaus für ihr Orchester, ihre Solisten und Dirigenten immer ganz bescheiden hinter den Bühnen wahrnahm.

10

Me and BB

«Benjamin Britten, der leuchtende Stern am Himmel der zeitgenössischen Komponisten.» Kommt solche Bewunderung über Ursulas Lippen, lächelt es aus ihren Augen immer auch ein wenig wohlwollend skeptisch, nie aber anmassend. Ursula hat über mehr als 60 Jahre im Geschäft mit der Musik einen hohen Berg von Insiderwissen angehäuft, hat so lange von Berufs wegen hinter die Kulissen schauen müssen, wurde mit dem täglichen Leben begnadeter Musikerinnen und Musiker, den grossen und den weltbekannten Solisten konfrontiert, teilte Freud und Leid. Lustiges, ab und zu Frivoles gäbe es zu erzählen. Anekdoten, viel Nonsens und auch Derbes, Begebenheiten, die sich von Bekannten über Bekannte von Bekannten, Freunden von Freunden in den möglichsten und unmöglichsten Variationen weitererzählten und dennoch immer ein Stückchen von dem enthielten, wie es sich tatsächlich abgespielt hatte. Oder zumindest ähnlich.

Da gab es die Geschichte eines Blechbläsers, der sowohl als Solist wie auch als Frauenheld von sich reden machte. Mit beachtlichem Erfolg. Bis er eines Morgens mit einem entsetzlichen Durst in einem fremden Bett erwachte. Auf dem Nachttisch lag nur seine Uhr, der er sich auf Anraten der noch schlafenden Dame entledigt hatte. Auf der Seite seiner Eroberung sah er ein Wasserglas stehen. Sein völlig ausgetrockneter Gaumen würde sich jetzt sogleich mit einem hässlichen Räuspern bemerkbar gemacht haben, wäre er nicht aus dem Bett ums Fussende gekrochen, um mit einem kühnen Griff das Glas an sich zu reissen und es in einem Zug leer zu trinken. Eine wüste Szene, die ihm die Dame für eine Nacht nach dem Erwachen spielte, als sie ihn dahin gehend aufklärte, er habe nicht nur mit einem Reinigungsmittel vermischtes Wasser getrunken, auch ihre Kontaktlinsen habe er verschluckt, und sie bestehe auf deren speditiver Rückgabe. Dass er es danach bei schwierigen Einsätzen immer mit der Angst zu tun bekam, die Linsen könnten entweder durch die Luftröhre hochsteigen und ihm den für sein Instrument unabdingbaren Atem blockieren oder im Darm für Unruhe sorgen, soll dazu geführt haben, dass er statt in fremden Betten nur mehr an den Theken der Hotelbars hängen blieb.

Ursula kennt die Namen hinter unzähligen ähnlichen Geschichten aus dem Nomadenleben der Orchestermusiker. Mag sein, dass hinter den Geschichten keine allzu grossen Geheimnisse verborgen waren. Die Diskretion, ein wichtiger Grund für Ursulas Erfolg als Managerin und Musikvermittlerin, verbot ihr nicht, sich an den Spässen «ihrer Kinder» zu beteiligen, wohl aber musste sie sich aus allem heraushalten, was die Persönlichkeit verletzen konnte. Und die Gürtellinie genauer als alle anderen Grenzen im Auge behalten.

Auch über Benjamin Britten wurden Gerüchte über alle Zäune hinweggetuschelt, hinter vorgehaltenen Händen in fremde Gärten gepflanzt und mit viel Futterneid gedüngt.

Wenn es um fremde Gärten ging, warf Ursula viel lieber jene symbolischen Steine über die Zäune zurück, über die ihr Wohlwollendes entgegengebracht wurde. Wenn schon, dann Gleiches mit Gleichem vergelten und akribisch darauf achten, dass nur Positives die Hände, die Köpfe und die Herzen wechselte.

Benjamin Britten kannte Ursula schon vage aus Luzern. Paul Sacher, so gut wie Ursulas Pate, war bei den Internationalen Musikfestwochen für die Serenaden beim Löwendenkmal zuständig. Diese Serenaden gehörten nicht nur zu den gesellschaftlichen Höhepunkten des Luzerner Musiksommers, sie wurden auch künstlerisch weltweit wahrgenommen. Paul Sacher gab jedes Jahr ein neues Werk in Auftrag. Benjamin Britten steuerte die Serenade für Streicher, Horn und Tenor bei. Der Tenor war selbstredend Peter Pears, der Hornist Dennis Brain. Er sollte später bei Ursulas und Philips Hochzeit in der Kirche St Bartholomew the Great die Orgel spielen. Bei einer späteren Aufführung der Britten-Serenade an den Internationalen Musikfestwochen in Luzern spielte ein Zürcher Hornist den Solopart. Britten hatte für das Horn ein paar Naturtöne eingebaut, die für das nicht vertraute Ohr des Ersatzhornisten «falsch» klangen. Paul Sacher dirigierte und gab der Weigerung des Bläsers nach. Ursula ärgerte sich, wie Kapellmeister und Solist sich am Komponisten «vergingen», und hätte ihrem Unmut über die Peinlichkeit gerne Gehör verschafft. Ursula war und ist eine glühende Bewunderin Benjamin Brittens. Seine Musik entspricht ihrer Vorstellung von künstlerischer Schönheit. Und was für ein Mann der Tenor Peter Pears war, Brittens Partner!

Viele Musiker sind mehr oder weniger apolitische Menschen, die sich nur ungern in die Niederungen der Politik begeben und eher mit Widerwillen als mit Interesse die oft diametral auseinanderdriftenden Meinungen und Überzeugungen verfolgen. Allzu viel Platz hatten die Auseinandersetzungen um die einzig richtige Weltanschauung auch in Ursulas Leben nie. Genauso wenig liess sie sich von der Religion, von Glaubensfragen vereinnahmen. Doch als Philip Jones mit der Tatsache leben lernen musste, dass seine Krebserkrankung zum Tod führen würde, gelang es Ursula und ihrem Mann, in den finalen Wochen die Ruhe und Gelassenheit zu finden, über ihr oft nach verschiedenen Richtungen tendierendes und dennoch sehr intensives gemeinsames Leben nachzudenken, zu reden und den Letzten Dingen ohne Scheu und Angst zu begegnen.

Benjamin Britten war ein überzeugter Pazifist, erklärte in aller

Öffentlichkeit, er würde nie im Leben daran denken, konservativ zu wählen, und machte weder aus der engen Beziehung zu seinem Partner Peter Pears noch aus der Neigung zu Depressionen ein Hehl.

Ursula, geprägt von der gesellschaftlichen und politischen Haltung ihrer Familie, bewunderte den grossen Komponisten für seine unerschütterliche Konsequenz. Immerhin: Onkel Hans Erni war eine Zeit lang bekennender Kommunist, und die neuen von ihm gestalteten, bereits gedruckten Banknoten mussten wieder eingestampft werden. Ein Kommunist, auch wenn er wahrscheinlich nicht der von Grund auf überzeugteste war, durfte und konnte nicht der Schöpfer des weltweit sichersten Geldes sein.

Im Haus ihrer Eltern gingen alle ein und aus, die sich um die Internationalen Musikfestwochen verdient gemacht hatten. Die privaten Empfänge nach den Serenaden beim Löwendenkmal waren legendär und sind alle in den familiären Gästebüchern festgehalten, viele von Hans Erni illustriert. Aufmerksam wurde Benjamin Britten auf Ursula aber, weil sie sich in sehr kurzer Zeit beim Philharmonia Orchestra einen Namen gemacht hatte, den man sich in einflussreichen Musikerkreisen unbedingt merken musste. Brittens Musiker seiner Opera Group rekrutierten sich zum grössten Teil aus Quintin Ballardies Goldsbrough Orchestra. Für seine Kammeropern brauchte Britten fünf Streicher, fünf Bläser, eine Harfe und eine Pauke.

Als Ursula Quintin Ballardie überzeugt hatte, den Namen des Orchesters zu ändern – «wenn wir international auftreten wollen, müssen wir es unter einem Namen tun, den man auch ausserhalb Englands versteht und vor allem absolut erkenntlich aussprechen kann» – und fortan als English Chamber Orchestra aufzutreten, stand einer intensiven Zusammenarbeit mit Benjamin Britten nichts mehr im Weg, und das English Chamber Orchestra wurde gleichzeitig zur English Opera Group, die an Brittens Aldeburgh Festival seine Kammeropern aufführte.

Das Städtchen Aldeburgh an der Ostküste in Suffolk und später auch der nahe gelegene Ort Snape, wo Benjamin Britten und Peter Pears die einzigartigen Malztrocknungsanlagen kauften und daraus das bekannte Konzert- und Opernhaus Snape schufen, wurden für Ursula und ihr ECO zur Sommerresidenz. Im Rahmen des Aldeburgh Festival wurde Snape von Königin Elizabeth II 1967 eröffnet. Ein Jahr später brannte das Gebäude nieder, wurde wieder aufgebaut und ein weiteres Mal von HM The Queen eröffnet.

Auch wenn Benjamin Britten nicht der einfachste Mann war und alles nach seinem Willen zu geschehen hatte, Ursulas Erinnerungen an den grossen Musiker und Komponisten sind durchwegs positiv. Britten schätzte die Zuverlässigkeit des ECO, das auch für ihn schlicht Ursula Strebi war (Ursula arbeitete, bis sie das ECO verliess, immer unter ihrem Mädchennamen). Eine persönliche Freundschaft? Ursula gerät ins Schwärmen, wenn sie von der elektrisierenden Atmosphäre des Aldeburgh Festival erzählt, wie sie mit ihrem Orchester an vorderster Front stand und dabei war, wenn in Snape Neues uraufgeführt wurde, vielleicht der an der Musik interessierte Teil der Welt sogar für eine kurze Zeit den Atem anhielt. Und wenn sich Ursula vorstellt, zu den Privilegierten zu zählen, die eine Uraufführung einer Britten-Oper, eine Haydn- oder Schumann-Sinfonie mit Benjamin Britten als Dirigenten miterleben durften, dann gehören die Sommer in Aldeburgh mit der Musik Brittens zu den Sternstunden ihres Lebens.

Sogleich sind auch die Anekdoten wieder da, die Enttäuschungen, die zu den Höhenflügen gehörten wie der Taktstock zum Kapellmeister. Die Musiker leben nicht mit weniger Höhen und Tiefen, Ecken und Kanten, Sprüchen, Albern- und Weisheiten als zum Beispiel Seeleute, Bauern oder Kassiererinnen im Supermarkt.

Als Benjamin Britten auf der Orchesterliste den Namen eines Ersatz-Fagottisten sah, den er nicht mochte, erklärte der Komponist ultimativ, entweder der Mann am Fagott verlasse sein Pult, oder er lege den Taktstock nieder. Es gelang auch Ursula nicht, den erbosten Maestro zu beschwichtigen. Gegen seinen Entscheid war kein Kraut gewachsen, und Ursula machte sich auf die Suche nach einem Fagottisten, der Benjamin Brittens Werk und Aufführung doch noch würde retten können. Sie wurde fündig, verpflichtete einen jungen Studenten der Royal Academy of Music in London, dem der Ruf vorauseilte, ein eigensinniges, ungehobeltes Genie zu sein und gegebenenfalls auf alle Wünsche noch so exzentrischer Dirigenten einzugehen. Zudem erwies er sich als waschechter Cockney. Bei der ersten Probe mit dem Komponisten als Kapellmeister musste schon bald wegen der Unsauberkeit eines Streichers unterbrochen werden. Als Benjamin Britten den Taktstock wieder hob, nahm der Fagottist die Gelegenheit wahr, den Maestro auf eine Ungereimtheit in der Partitur aufmerksam zu machen.

«Mr Britten, don't you think there is something wrong here in your score?»

Britten stockte, sah hinunter auf die Partitur. Ursula erstarrte, erwartete einen Ausbruch nie da gewesener Heftigkeit. Britten, so umstritten er in der heterosexuellen Gesellschaft auch sein mochte, war er doch die unbestrittene musikalische Autorität par excellence, während sie als Orchestermanagerin erst am Anfang einer Karriere stand. Wie würde er reagieren? Wie ihre Fähigkeiten beurteilen? Konnte er jemandem vertrauen, der ihm einen jungen, unerfahrenen Fagott-Studenten ins Orchester setzte, der ihn, den grossen Britten, blossstellte, ihm mit seiner Frage die unfehlbare Meisterschaft absprach? Britten hatte die Grösse, die bodenlose Frechheit zu überhören. Oder vielleicht den Makel in seiner Partitur zu akzeptieren.

Für Brittens Aldeburgh Festival wurden die English Opera Group und das ECO zu einer ganz grossen Erfolgsstory. Etwas getrübt wurde das Verhältnis zwischen ihr und dem Komponisten, als Britten für die Plattenaufnahme seiner Oper *A Midsummer Night's Dream* das London Symphony Orchestra beauftragte, obschon bei der bejubelten Uraufführung das English Chamber Orchestra vieles zum Erfolg beigesteuert hatte. Das LSO hatte bei Decca besser lobbyiert.

Bereits früher, als Neville Mariner mit seinem Orchester The Academy of St Martin in the Fields Furore zu machen begann und als Mitglied des LSO einen besseren Zugang zu Decca fand als Ursula mit ihrem ECO, wiederholte sich die Nichtberücksichtigung des English Chamber Orchestra. Dass Neville Mariner, mit dem Ursula befreundet war, den Rahm für seine Aufnahmen, die sich keineswegs besser anhörten als die Platten des ECO, nicht mit den feineren, wohl aber grösseren Löffeln abschöpfte, doch, das gibt Ursula gerne zu, das tat weh. Nicht zuletzt auch, weil das ECO damals wahrscheinlich das bedeutendere Kammerorchester und rund um die Welt mit Britten in allen Radiostationen viel präsenter war.

Ursula war und ist bis ins hohe Alter eine unermüdliche Schafferin und stets auf Entdeckungsreisen. Nächtelang, wenn kein Telefon mehr klingelt, sitzt sie an ihrem Computer, ist mit der Welt verbunden, spinnt ihre Fäden zu einem Netz, das so stabil und eng zu sein hat, dass all die jungen Leute, die einmal auf ihren Listen sind, nicht mehr durchfallen und irgendwo im Niemandsland der Bedeutungslosigkeit hängen bleiben können. Ihr Wirkungsfeld sind heute nicht mehr die Arrivierten. Sie freut sich aber, wenn sie an Hunderten von Veranstaltungen, die ihren Terminkalender zu einem undurchdringlichen Dschungel machen, Künstler, Freunde und Weggefährten aus früheren Zeiten trifft, wenn sie hier von einem grossen Sänger herzlich umarmt wird, wenn dort ein Geiger oder Bläser aus ihrem ECO auf sie zustürmt und die Zeiten heraufbeschwört, als Daniel Barenboim mit ihnen ein Herz und eine Seele war, als Rostropowitsch, Zukerman, Richter, Perlman, Milstein, Jacqueline du Pré, Janet Baker und viele andere eine Familie bildeten.

«Weisst du noch, damals in Saloniki, als der Hotelportier Daniel Barenboims Pass aus Versehen mit dem seines Vaters verwechselte? Der Vater mit dem Nachtzug nach Athen zurückfuhr? Mitten in der Nacht die Verwechslung festgestellt wurde, die Züge benachrichtigt und, als sie sich auf offener Strecke irgendwo zwischen Athen und Saloniki kreuzten, die Pässe fliegend ausgetauscht wurden?»

Oder damals, als Ursula mit der English Opera Group in Russland unterwegs war, wegen des Samowars unbedingt von Leningrad mit dem Zug nach Moskau fahren wollte und schliesslich doch fliegen musste, im Hotel in Moskau etwas verlassen auf eine Gruppe Schweizer aus Sitten stiess, sich mit dem Pfarrer, dem Lehrer, einem Weinhändler bei Fendant und mitgebrachten Walliser Spezialitäten bestens unterhielt?

Schöne Erinnerungen an Ereignisse und Begebenheiten, die vielleicht etwas anders, aber gewiss zumindest ähnlich stattfanden. Wen kümmert's? Ursula ist jederzeit bereit, in den Reminiszenzen an die grossen Sommer in Aldeburgh, die Welttourneen, die Storys rund um die kulturellen und archäologischen Freizeitprogramme zu schwelgen, ins laute Lachen mit unterdrückten Wehmutstränen einzustimmen.

Wichtiger aber ist die junge Viola-Spielerin, die mit ihrem Partner, einem ebenfalls hochbegabten Geiger, ein Duo bildet, das in den Feuilletons die Schlagzeilen ebenso zu beherrschen beginnt wie das Tempest Trio der drei phänomenalen Flötistinnen. Da schlägt Ursulas Herz eine Kadenz schneller, da beginnt es zu kribbeln, da lohnt es sich, die Nächte mit Förderarbeit zu durchwachen.

Die Zeit, wenn die Nächte nur mehr ereignislos nicht enden wollen, wird früher als später, wenn es gegen 90 oder gar 100 zugeht, nicht aufzuhalten sein.

Es ist ein später regnerischer Nachmittag im November. Der Wind bläst aus allen Richtungen durch die Strassen. Wie riesige

Schneeflocken fallen die Blätter von den Bäumen, bilden rutschige Teppiche. Keinen Hund sollte man bei so einem Wetter aus dem Haus jagen. In Kings Place, einem relativ jungen Kulturzentrum in Kings Cross, gibt das heutige English Chamber Orchestra zu Ehren des kürzlich verstorbenen Sir Peter Maxwell Davies ein Konzert. Zuvor, um 6 Uhr abends, wird ein Film über den Komponisten gezeigt. Ursula war mit dem für die Musik nie zu Kompromissen bereiten Max befreundet. Mit wem war, ist Ursula nicht befreundet?

Ursula arbeitet zurzeit für ein Konzert der besten Student-Brass-Ensembles Grossbritanniens. «A Celebration of Brass Chamber Music in Memory of Philip Jones». Ein Event, das sie seit 2013 alle zwei Jahre in London organisiert.

Wie es für sie schon fast zur Norm geworden ist, vergisst sie ob ihres Einsatzes für die Blechmusik – «Brass is my passion!» – die Zeit. Den Bus zur Station Edgware Road Tube noch rechtzeitig zu erreichen erfordert einen schnellen, konzentrierten Schritt. Ursula ist seit der Operation an einem Halswirbel nicht mehr ganz so sicher auf den Beinen wie auch schon. Es ist früher Abend. Der Verkehr stockt. Lange kommt überhaupt kein Bus. Der Regen peitscht waagrecht daher. Im Bus werden die Passagiere zu Sardinen. Ursula hätte Lust, sich an einem Gespräch über die Brexit-Pläne der Premierministerin zu beteiligen, lässt es aber bleiben. Sie lebt ohne Fernsehen, hört aber eifrig BBC-Radionachrichten. Am liebsten Punkt Mitternacht. Den schnellsten Weg vom Busstopp zur Untergrund-Station kennt sie aus der Zeit, als sie noch Archäologie unterrichtete. Ihre Schritte werden noch etwas schneller, obschon, wie sie sagt, sich ihre Füsse immer weiter weg vom zentralen Nervensystem befinden. Die Untergrundbahn ist überheizt. Auch wenn eine jüngere Frau Ursula gerne ihren Sitzplatz anbieten möchte, der Weg durch die dicht gedrängt stehenden Passagiere ist zu schwierig.

«Früher», sagt Ursula, «lasen die Leute im Bus und in der Untergrundbahn Zeitungen. Heute starren sie alle auf ihre Smartphones und vertippen sich ganz bestimmt, wenn sie sich mit ihren Tausenden von Freunden austauschen.»

In Kings Cross hat der Regen nachgelassen. Sich die hastende Menge noch unter Regenschirmen vorzustellen, müsste zu einem Albtraum führen. Eine endlose Kolonne roter Busse bewegt sich kaum im Schritttempo vorwärts. Zu Fuss zum Kings Place sind es knapp 15 Minuten. Die Strasse muss überquert werden. Ursula sieht eine Lücke zwischen den Autos in der einen Fahrtrichtung, hastet zur Mitte, der Verkehr steht für Sekunden still, ein Fahrer winkt. Zum Eingang des Kulturzentrums sind es noch 20 bis 30 Schritte. Die Uhr zeigt zehn nach sechs. Auf der steilen Rolltreppe hinunter zu den zwei Konzertsälen gewinnt Ursula ein paar Stufen. Der Film hat anscheinend verspätet angefangen. Es gibt noch ein paar freie Plätze.

Ein Kommentator erzählt mitten in einer kahlen, hügeligen Landschaft vom Werdegang Peter Maxwell Davies'. Seine Musik eckte an, wurde von Kritikern und einem grossen Teil des Publikums als zu schwierig, unverständlich, oft gar für ein normales Gehör als unerträglich empfunden. Kinder hingegen liebten es, mit dem jungen Musiklehrer zu experimentieren. Auf den Orkney-Inseln, weitab von störenden Einflüssen, in einem Haus ohne jeden Komfort, fand er die Melodien, die immer noch anders daherkamen als die am Radio ab und zu gespielte sogenannte moderne Musik. Mehr und mehr wurden seine Kompositionen Musik zum Sehen. Die Fangemeinde von Peter Maxwell Davies wuchs. Er eroberte die Proms. Die Albert Hall jubelte ihm zu, wenn er in seinen Sinfonien Volksliedhaftes einbaute und am berühmt-berüchtigten letzten Abend der Proms ein Dudelsackpfeifer in die Halle schritt. Der konsequente Umweltschützer mit seiner gesellschaftlich und politisch oft extremen Haltung und unbequemen Musik wurde zum Musik-Master der Königin ernannt. Nein, er habe mit der Annahme des mit grossen Ehren bedachten Amts kein Sakrileg begangen. Wahrscheinlich verstehe das Königshaus seine Musik nicht, aber was die Ökologie betreffe, stünden die Königin und er sich sehr nahe.

Ursula ist ganz offensichtlich stolz, Peter Maxwell Davies in all seinen Facetten gut gekannt und geschätzt zu haben. Auch stets richtig eingeschätzt zu haben. Mit ihrer Mutter hatte sie eine Aufführung der *Eight Songs for a Mad King* erlebt. Der König, verrückt, wie er gewesen war oder sich zumindest verhalten hatte, setzte sich während der Aufführung aufs Klo. Nicht bloss zum Schein, wie die entsetzte Mutter eindeutig bemerkt haben wollte. Ursula war von der Aufführung fasziniert.

Das an den Film anschliessende Konzert mit dem augenfällig stark verjüngten English Chamber Orchestra zieht sich wegen eines zu geschwätzigen Kommentators in die Länge, will kein Ende nehmen. Das letzte Stück versöhnt mit der Langatmigkeit des ganzen Konzerts. «Farewell to Stromness». Das Stück muss von den Orkney-Inseln beeinflusst sein. Ursula spielte die Komposition erst neulich auf dem Steinway-Flügel in Philip Jones' Studio unter dem Dach ihres Hauses an der Hamilton Terrace und nahm sich vor, sich wieder vermehrt an das schöne Instrument zu setzen. Wenn bloss das mit der Halswirbeloperation verloren gegangene Gefühl in den Fingern wieder zurückkehren würde.

Im Green Room des Kings-Place-Konzertsaals trifft Ursula auf den neuen künstlerischen Leiter des ECO, den Bratschisten Lawrence Power. Ein anderer junger Mann, den sie einst mit dem Kungsbacka Piano Trio entdeckte, Simon Crawford-Philips, freut sich unbändig, Ursula wiederzusehen. Die Instrumentalisten des ECO kennt sie nicht mehr. Wie auch? 1974 gab sie das Management weiter. Das ist über 40 Jahre her. Die Gespräche, die sogleich lebhaft einsetzen und in die mehrere junge Musikerinnen und Musiker Ursula mit Begeisterung einbeziehen, als ob sie morgen mit ihr nach Aldeburgh zum Festival mit Ben Britten und Peter Pears aufbrechen würden, hätten damals genauso stattgefunden, meint Ursula.

11

Konzertreisen nach präkolumbischen Gesichtspunkten

Ursula war immer schon eine Bergsteigerin, von den Alpen ebenso angetan wie von den Anden und später vom Himalaja. Ganz zu schweigen vom Kilimandscharo, den sie mit 65 bestieg. Philip Jones schenkte ihr den Flug nach Nairobi zum Geburtstag. «Get it out of your system!» Spannend, wie sie ein hinreissendes Konzert, eine den Angstschweiss über den Rücken treibende und euphorische Glücksgefühle auslösende Oper beschreibt, in ihrer Begeisterung Lachern und Rührungstränen freien Lauf lässt. Genau so erzählt sie von der Besteigung des Bergs, der sich aus den Steppen Afrikas wie eine Pyramide, wie der Turm zu Babylon in den Himmel erhebt. Atemlos in der dünnen Luft. Und was die Menschen unterwegs zum Gipfel an Unrat, Kot und Abfall zurücklassen! Von der Reisegruppe, der sie sich, wie auf dem Voucher festgehalten, mit einer Nachbarin aus der Hamilton Terrace anzuschliessen hatte, machten alle männlichen Teilnehmer weit unterhalb des Gipfels schlapp. Nur ihre amerikanische Nachbarin und sie schafften den Uhuru-Gipfel.

«Und dann stehst du dort oben. Wirklich auf dem Gipfel, und bist wie fast nirgendwo in der Welt dem Himmel näher. Möchtest gar nicht mehr hinunter. Weil du ernüchtert feststellst: Jetzt hast du erreicht, was du wolltest. Höher hinauf kannst du nicht mehr.»

Noch wusste Ursula damals vor dem Wechsel ins 21. Jahrhundert nicht, dass sie Jahre später, an einem Gleitschirm hängend, von anderen, wenn auch nicht ganz so hohen Gipfeln in die Täler hinunterschweben würde.

Mit dem English Chamber Orchestra eroberte sie einen um den anderen kulturellen Gipfel. Ohne Atemnot. Mit Angstschweiss, das schon ab und zu. Auf einer Welttournee, als sie von San Francisco nach Australien unterwegs waren und bevor sie in Sydney einen triumphalen Erfolg feiern konnten, war zum Einspielen und Wegspielen des Jetlags ein Konzert in einer australischen Kleinstadt geplant. Ursula plante die Auftritte ihres Orchesters sehr präzis und wurde von ihren Musikern gerade wegen ihrer Perfektion bis ins kleinste Detail sehr geschätzt. Deshalb war es ihr umso peinlicher, als sie feststellen musste, dass beim Überfliegen der Datumsgrenze aus dem Morgen ein Gestern werden würde. Gott sei Dank realisierte sie den Lapsus, bevor das Orchester die Reise antrat.

Mit dem begnadeten Pianisten Daniel Barenboim, der mit dem ECO auch als Dirigent neue Massstäbe setzte, Jacqueline du Pré und anderen grossen Musikern wurde Ursulas Orchester zur Institution, das Kürzel ECO zum ultimativen Gütesiegel. Es war erreicht, was es musikalisch zu erreichen gab.

Meldete sich Müdigkeit? Ein Nachlassen des Elans zu stets neuen Ufern? Seereisen, obschon das ECO auch während exklusiver Karibik-Kreuzfahrten aufspielte, waren und sind nicht Ursulas Sache. «Mit festem Boden unter den Füssen besteht die Gefahr abzuheben weniger.»

Wo immer sie mit ihren Musikern unterwegs war und zwischen den Verpflichtungen etwas Archäologisches in Griffnähe kam, nahm sie die Gelegenheit wahr, ihre seit der Kindheit angestachelte Neugier, ihren Wissensdurst zu stillen. Da muss irgendeinmal, tief in ihr drinnen, dort, wo die Geheimnisse und unerfüllten Wünsche, die unerklärlichen Träume ruhen, etwas ausgelöst worden sein.

Nein. Ursula Jones neigt nicht zu esoterischen Hirngespinsten. Dass sie im Alter weiser wurde, das mag durchaus stimmen. Sofern Weisheit nicht mit Gelassenheit gleichgesetzt wird. Gelassener, abgeklärter, mit sich, der Welt und dem Erreichten zufrieden, ist Ursula nicht. Ihre Energie ist trotz ihrer Witwenschaft und gesundheitlicher Schwierigkeiten ungebrochen.

Wenn die Viertausender nicht mehr zu Fuss respektive mit künstlichen Kniegelenken und einem ersetzten Halswirbel zu bewältigen sind, kann man eben von etwas weniger hohen Gipfeln mit einem erfahrenen Paragliderpiloten im Tandem hinuntergleiten. Und sich, um nur eines ihrer Engagements aufzuzählen, mit Gerhard und Anna Pawlicas Kammermusik-Zyklus im Marianischen Saal der Stadt Luzern zusammentun und wie bereits seit 1996 zum Eröffnungskonzert im Oktober junge Musikerinnen und Musiker aus England nach Luzern und anderen Veranstaltungsorten bringen. Die Liste der Künstler liest sich spannender als jedes Who's who. Es scheint, als ob nichts mehr schiefgehen könnte, wenn Ursula Jones an jemanden zu glauben beginnt. Von Daniel Barenboim über unzählige andere zu der ebenso souverän wie glamourös auftretenden Startrompeterin Alison Balsom, dem Schlagzeuger Colin Currie, dem Gitarristen Miloš Karadaglić, der Akkordeonistin Ksenija Sidorova und dem Komponisten und Dirigenten Duncan Ward.

Damals, als die viel moderner aufspielende London Sinfonietta gerne mit dem eher traditionell musizierenden ECO fusioniert hätte, konnte sich Ursula durchaus vorstellen, wie aus einem Zusammengehen mit Brittens Opera Group, der jungen Sinfonietta und dem ECO das beste Kammerorchester der Welt hätte werden können. Quintin Ballardie, der Mitbesitzer des von Ursula brillant gemangten Orchesters, winkte ab, und Ursula besann sich auf das Angebot ihres Mannes, statt sich für die Musik bis zur Erschöpfung aufzureiben, die Musik mit dem Hörsaal zu tauschen. Ursula kann sich nicht erinnern, je wirklich erschöpft gewesen zu sein. Auch niemand, der sie kennt, kann sich das vorstellen.

Das Gerücht, der rasante Aufstieg des ECO zum Erfolg sei eini-

145

gen Musikern und Solisten zu Kopf gestiegen, sie hätten den Status der Weltstars zu früh ausgekostet, hielt sich nicht lange. Ursula kannte nach 20 Jahren im hart umkämpften Musikbusiness ihren und den Wert ihrer Schützlinge, die zu behüten ihr nicht mehr prioritär erschien. Den Stempel, den sie ihren Musikern einmal aufgedrückt hatte, wurden sie nicht mehr so schnell wieder los. Wo immer sie heutigen oder längst pensionierten Mitgliedern des ECO begegnet, ihr Charisma wird, sosehr sie sich auch dagegen zu wehren versucht, stets zum Gesprächsstoff. Nicht dass sie zu hoch in den Himmel gehoben würde. Dafür ist es zu lange her. Aber dass das Orchester damals absolut einzigartig dastand und vor allem mit Benjamin Britten, Daniel Barenboim und Raymond Leppard in enger Beziehung stand, hat sich über zwei Generationen hinweg gehalten. Eine goldene Epoche. Daniel Barenboim fürs Klassische und Romantische, Benjamin Britten fürs Moderne, Zeitgenössische, Raymond Leppard fürs Barockrepertoire.

«Wahrscheinlich wurden mir wie damals in Arth-Goldau zum genau richtigen Zeitpunkt die Weichen gestellt, wurde der Hebel von irgendeiner weisen Hand in die richtige Position gebracht.»

Wäre Ursula nicht eine kompetente Kennerin der sich ständig wandelnden Szene, es dürfte von Zufällen gesprochen werden. Ob hingegen Ursula an Zufälle glaubt, darf bezweifelt werden. Fügungen mag sie wahrscheinlich ebenso wenig. «Es hat sich einfach so ergeben», ist eine von ihr oft gehörte Äusserung. Dass sich aber nicht ganz alles so von alleine ergab, bei vielem nachgeholfen werden musste, weiss Ursula selbstverständlich auch. Dass jede Richtungsänderung in ihrem Leben konsequent auf ihre eigene Initiative zurückzuführen war, mag sie nicht an die grosse Glocke hängen. Sie rief Philip Jones an, wollte ihn engagieren. Er sagte Nein, und sie gab nicht auf.

«Weil ich überzeugt war, dass er genau der Trompeter war, den ich damals für Verdis *Requiem* noch brauchte. Der beste.»

Wie war sie enttäuscht, als sie in Luzern ihren Mann dem grossen Otto Klemperer vorstellen durfte und der Maestro fragte, was der Mann denn in der Musik für eine Rolle spiele, worauf Ursula stolz antwortete:

«Solotrompeter im Royal Philharmonic Orchestra.»

«A very bad orchestra!»

Auch so einer, entsetzte sich Ursula, den Tränen nahe. Zaubert aus den Orchestern die besten Interpretationen der unsterblichen Werke der grössten Komponisten und steht hin, posaunt beleidigende Phrasen in die Welt hinaus. Ein Weichensteller war Klemperer jedenfalls nicht. Später, in der Zeit als Solotrompeter im Philharmonia Orchestra, wurden Philip Jones und Otto Klemperer gute Freunde.

Ganz anders der Grandseigneur Kurt Stavenhagen. Ihm begegnete Ursula auf einer Konzertreise in Mexiko. Ein Privatgelehrter mit einer überwältigenden Sammlung präkolumbischer Kunst- und Kulturgüter. Ein Gelehrter, der sich für alles interessierte, was man ihm aus der Zeit ohne europäischen Einfluss anbot, der alles zusammentrug, nicht nach Wert und Preis fragte, sich einzig und allein auf seine Kenntnisse und sein untrügliches Gespür verliess. Ursula verliebte sich in die Schätze aus der Zeit, die zu erforschen sie sich bereits als Kind gewünscht hatte, dann aber den Eltern nachgab, die ihr weiszumachen versuchten, aus Bruchstücken von Ruinen, zerbrochenen Krügen, Grünspan und rostbefallenen Münzen könne sie kein anständiges Leben finanzieren.

Was war denn mit der Geschichte der Alten Welt? Des viel gelobten Abendlands? Die neue, die für sie unbekannte Welt war doch mindestens so interessant wie die Schlachten der Alten Eidgenossen gegen die Habsburger und Burgunder, mit denen sie, einmal eingepaukt bekommen, nicht viel mehr anfangen konnte als mit dem Dreissigjährigen oder dem Hundertjährigen Krieg. Gerne erinnert sie sich hingegen an die Geschichtsstunden, als es um die Baustile der Gotik, des Barock, der Renaissance, des Art déco, der Römer, der Griechen und noch älterer Völker ging.

Herr Stavenhagen wurde zu Ursulas präkolumbischem Mentor. Unglaublich, was er wusste, was er zu erzählen hatte. An seinen Lippen zu hängen, immer neue Geheimnisse zu erfahren, dabei sein zu dürfen, wenn Rätsel gelöst werden konnten. Ursula spürte, dass sie von einem Eifer gepackt wurde wie seinerzeit, als sie aktiv am Abenteuer Musik teilzuhaben begann. Mit Musik war sie aufgewachsen, hatte die grossen Interpreten, die Dirigenten und Komponisten in den Wohnungen und Häusern ihrer Eltern kennengelernt. Ihr Verstand wurde geschärft, ihre Sinne reagierten auf alles, was sie hörte, und sie nahm wahr, was aus dem Mittelmass herausragte, was bleiben, was vergessen würde.

All diese Erfahrungen, die sie ohne besonderes Dazutun ihrerseits machen durfte, kamen ihr zustatten, als sie beim Philharmonia Orchestra als Mädchen für alles anfing und die Leute um sie herum schon bald feststellten, dass sie es mit einem Naturtalent zu tun hatten, das zudem Sprachen beherrschte, die man als Engländer mit globalem Anspruch nicht zu lernen hatte.

Mit der Geschichte der Neuen Welt, mit allem, was in Zentralamerika noch auszugraben war, würde es sich anders verhalten. Was Ursula von Kurt Stavenhagen auf den verrücktesten Autofahrten ihres Lebens mitbekam, faszinierte und verwirrte sie gleichzeitig.

«Es war, als führe ich durch einen Film. Die Bilder blendeten mich. Ich wollte sie festhalten, einordnen. Aber kaum gesehen, waren sie schon wieder verschwunden, tauchten noch eindrücklicher, phantastischer wieder auf. Herr Stavenhagen fuhr mit seinem Auto so durch die Geschichte, dass ich Stossgebete zum in der Hitze flimmernden Himmel schickte. Einerseits wollte ich dem damals schon irrwitzigen Verkehr in Mexico City heil entkommen, andererseits, dass all das, was ich in Kurt Stavenhagens Sammlung, in den Museen und ausgegrabenen Zeugen einer überwältigenden Kultur sah, kein Traum sein möge.»

Es galt also immer mehr, das Angebot Philip Jones' zu überprüfen, dem ECO Adieu zu sagen, sich am Institute of Archaeology, University of London, an der Fakultät für lateinamerikanische Studien einzuschreiben und sich mit bereits über 40 Jahren noch einmal hinzusetzen, im Bewusstsein, dass es nicht leicht sein würde, mit jungen Leuten um die 20 mitzuhalten, das aufregende Leben einer erfolgreichen Orchestermanagerin gegen die Konzentration auf eine Wissenschaft einzutauschen, die ein akribisches Vorgehen mit Schaufeln und Bürsten voraussetzte.

Zudem war Philip Jones auf dem besten Weg, mit seinem Ensemble Erfolg zu haben und Geschichte zu schreiben. Die Fachwelt horchte auf, wozu Trompeten, Posaunen, ein Horn und eine Tuba imstande waren. Den begnadeten, von einer Mission erfüllten Bläsern fehlte bloss jemand, der ihren Enthusiasmus zu vermarkten verstand. Obschon sie alle mit beiden Füssen im Musikleben standen und es hätten besser wissen müssen, glaubten sie dennoch, die Welt müsste endlich auf die Musik aufmerksam werden, die sie aus ihren glänzenden Instrumenten zu blasen verstanden, dass fast alles auch mit Blech zu spielen war, was anscheinend gestrichen besser daherkam, was aus hölzernen Instrumenten, aus Harfen und Flöten, Klarinetten und Klavieren so tönte, wie die Komponisten es aufgeschrieben hatten und sich über Jahrhunderte in die Ohren schmeichelte. Niemand aber füllt Konzertsäle ohne Impresario, ohne jemanden, der es versteht, das Interesse des Publikums wachzurütteln. Auch mit Tricks, deren sich niemand zu schämen brauchte.

Ursula stellte sich vor, als Studentin der Archäologie und ohne die Hektik des Managements eines weltweit auftretenden Kammerorchesters mit Stars auf dem Dirigentenpult und Solisten mit klin-

149

genden Namen die Zeit zu haben, ihren Mann und seine Kollegen ebenfalls in die Hall of Fame zu promoten. Promoten, ein wichtiger Begriff im Showbusiness. Was war denn die Musik, auch die ernste, anderes als eine Show, die gehört, gesehen, von Mund zu Mund, von Ohr zu Ohr gefeiert werden wollte? Sich Ursula vorstellen in einem gemächlichen Leben ohne Hektik, ständige Präsenz und Überbeanspruchung konnte eh niemand. An der Universität reihte sie sich ein in die Heerscharen von Studenten, die an einen ganz anderen Rhythmus gewöhnt waren als die Frau, die gut und gern ihre Mutter hätte sein können. Hier die Managerin mit einem unüberschaubaren Bekannten- und Freundeskreis, die Weitgereiste und stets auf alle Eventualitäten Gefasste, die Freischaffende ohne jede Sicherheit, stets auf sich allein Gestellte, dort die jungen Leute, die sich wohl eine Studienrichtung vorgenommen hatten, aber in ihren Zielvorstellungen doch noch sehr ambivalent waren, die meisten mit einem mehr oder weniger sicheren Boden unter den Füssen, mit Eltern oder Behörden, die sich verpflichtet hatten, die Finanzierung der nächsten paar Jahre zu garantieren. Junge Frauen und Männer, denen nach der Mittelschule das Lernen, weil antrainiert, leichtfiel, die Ballast von sich geworfen hatten, sich jetzt auf das Wesentliche konzentrieren konnten und viel Freizeit hatten, sich auf die Suche nach Partnern welchen Geschlechts auch immer machen konnten, sich nach den verschiedensten Richtungen politisch engagierten, wilde Feste feierten, verbissen Sport trieben und vor allem ganz andere Musik hörten und spielten, als Ursula sie auch ohne ECO, Philharmonia Orchestra, Britten, Barenboim, du Pré, Zukerman in den Ohren hatte und von ihrem Mann auf der Trompete gespielt bekam. Ursula, kontaktfreudig, stets neugierig auf Neues und eisern bestrebt, wo immer möglich an der Spitze mitzuhalten, fand sich bald einmal zurecht, lernte schnell, worauf es in den Hörsälen und Seminaren ankam, wie man Wichtiges von zu Vernachlässigendem unterschied, wie man

Examen anging, wie die Lektoren, Assistenten, Professoren tickten. Der universitäre Lehr- und Lernbetrieb gefiel ihr, und sie hatte ihre Studien im Grunde ähnlich unter Kontrolle wie ihr Orchester und ihre Musiker. «Ein Sack voller Flöhe bleibt ein Sack voller Flöhe.» Das an der Töchterhandelsschule und mit der Handelsmatura erworbene Allgemeinwissen, abgesehen von den Sprachen und den Handelspraktiken, war mit den Jahren etwas verloren gegangen und musste ausgegraben werden wie die Scherben, die sie in den römischen Siedlungen als Teil ihres Studiums auf Baustellen in London auf einem vorgeschriebenen Geviert zutage fördern, waschen, wissenschaftlich auflisten, dokumentieren, analysieren und in Essays beschreiben musste.

Daneben wurde das Engagement für das Philip Jones Brass Ensemble immer anspruchsvoller, aber ohne die Reiserei mit dem ECO blieb doch genügend Zeit, sich in das neue Umfeld zu vertiefen. Ursula beschreibt ihre Zeit an der University of London als ausgesprochen ausgeglichen, ruhig, aber für alle Sinne höchst stimulierend. Heute würde man vielleicht von einem beglückenden Wiedereinstieg ins einmal gelernte Metier sprechen, etwa so, wie es Müttern ergeht, die nach den Jahren mit ihren Kindern dort wieder Fuss zu fassen versuchen, wo sie mal gezwungen waren, ihre hochgesteckten Ziele aufzugeben. Vorübergehend, wie man sie vertröstete und sie sich selbst einzureden versuchten.

Ursulas Wunsch nach Kindern ging nicht in Erfüllung. Dass das English Chamber Orchestra ihr Kind war, na ja, ein voller Ersatz war das Orchester nicht, aber über all die Jahre gesehen und wenn sie auf die älter gewordenen Musikerinnen und Musiker von damals trifft, wirkt der Vergleich nicht mehr ganz so schräg. Das ECO war Ursulas Kind. Kein Kinderersatz.

Ursula mag keine allzu metaphorischen Parallelen. Sie mag nicht einem Verlust nachtrauern und unter Tränen nach etwas anderem suchen, nach einem neuen Rosenstock Ausschau halten und ihn dort einpflanzen, wo der alte völlig natürlich altershalber nach einem kalten Winter nicht mehr zu grünen vermochte.

Bei der Durchsicht ihrer Fotoalben wird Ursula schon ab und zu nachdenklich. Wunderbar nach Privatem und Beruflichem geordnet sind ihre Erinnerungen. Viele Bilder sind vergilbt, viele nicht mit einer Legende versehen. Deutlich festzustellen sind die Sorgfalt und die Liebe zur Gestaltung. Bis zum Jahr 1999 herrscht systematische Ordnung allenthalben. Dann sind die Fotografien teilweise noch in Ordnern zu finden, in Umschlägen, in Schachteln. Mit Philip Jones' Erkrankung war das Ordnen von vielen Gemeinsamkeiten nicht mehr wichtig. Und ob sie es noch schafft, sich in ihrem wunderschönen Wohnzimmer auf den Perserteppich zu setzen, die Schachteln und Ordner aus dem Büchergestell zu ziehen, die Fotos auf dem Boden auszubreiten und die Systematik ins neue Millennium herüberzunehmen, ist fraglich. Ihre letzten archäologischen Reisen nach Zentralamerika und die von ihr geführten Kulturreisen sind von anderen digital festgehalten, mit Photoshop und Design-Programm gestaltet, kommentiert. «Wie ein professionelles, vielleicht aber ein etwas unpersönliches Fotobuch.» In jeder noch so kleinen Reisegruppe gibt es heute mindestens einen Teilnehmer, der die Arbeit übernimmt, die früher zu den berühmt-berüchtigten Diashow-Abenden führte.

Philips Jones' Tod brachte eine Zäsur. Ursula wagte nicht mehr mit grosser persönlicher Kreativität etwas festzuhalten, das sie ohne ihren Mann erleben musste. Die Betroffenheit wäre zu gross.

Ursula geniert sich nicht, in Tränen auszubrechen, wenn in einem Konzert, in einer Oper die Trompeten dominieren, an Philip Jones' geniales Spiel erinnern. Wenn es im Kino oder im Theater um grosse Gefühle geht, kann sie sowohl hemmungslos mitleiden wie auch sich herzlich mitfreuen. Kitschige Gefühle hingegen unterscheidet sie mit absoluter Sicherheit von echten Emotionen. Den Film über die wahre Geschichte eines drogenabhängigen Strassenmusikers und die ihm zugelaufene Katze fand sie erst dann sehenswert, als der junge Mann vor den grossen Augen seiner Katze mit scheusslichen Entzugserscheinungen mit dem Tod rang.

Auch wenn drei junge, attraktive Flötistinnen, das Tempest Trio, an der Hamilton Terrace aufkreuzen, das Haus in Beschlag nehmen, gerät Ursula in eine eigenartig gespaltene Stimmung. Ihre Freude ist gross über das Wiedersehen mit den drei Künstlerinnen, die sie entdeckte und förderte, denen sie eine sehr erfolgreiche Schweizer Tournee ermöglichte und auch organisierte. Dass das Trio nicht in das Programm des YCAT aufgenommen wurde, versteht sie nicht, macht sie traurig. YCAT steht für Young Classical Artists Trust. Die Konkurrenz unter jungen talentierten Musikern ist immens. Wer es schliesslich schafft, den Status des «outstanding» zu erreichen, das hängt immer mehr auch von Zufälligkeiten ab. Auch. Ursula überlegt, was jetzt zu unternehmen ist, wer ähnliche Möglichkeiten wie YCAT bieten könnte, für die nötigen Beziehungen garantiert, nicht bloss Starthilfe leistet, die das Tempest Trio nicht mehr braucht. Die Flötistinnen nehmen die Ausscheidung gelassen und sportlich. «Wir verloren den Final.» Sie bekommen im nächsten Jahr nochmals eine Chance.

Ursula äussert sich nicht dazu. Eine leise Verunsicherung ist spürbar. Den Dingen den Lauf zu lassen scheint keine schlechte Option zu sein. Die jungen Leute haben vielleicht auch einen legereren Umgang mit Misserfolgen. Ursula kennt die Leute von YCAT bestens. Viele ihrer Schützlinge waren unter ihren Fittichen. Einige der erfolgreichsten Künstlerinnen und Künstler sind zu Botschaftern des Trusts geworden, werben bei potenziellen Sponsoren und animieren angehende Stars, sich bei YCAT zu bewerben. Mit viel Talent und eisernem Willen zum unermüdlichen Üben, Üben und nochmals

Üben kann man es schaffen, und einmal bei YCAT, stehen Türen offen, von denen getrost geträumt werden darf. Ohne Träume kein Zutritt zum Bühneneingang.

Das Tempest Trio ist nicht zufällig an die Hamilton Terrace gekommen. In Rucksäcken, Taschen und Futteralen bringen sie ihre Instrumente, Noten, Notenständer und professionelle Aufnahmegeräte mit. Helen hat mehrere Titel aus der *West Side Story* für Flöten und Piccolo arrangiert und von einem Label grünes Licht bekommen. Zuerst aber möchten die Musikerinnen Ursula um ihre Meinung angehen. Nicht um finanzielle Unterstützung. Für einmal spielt Geld keine Rolle. Keine wesentliche oder entscheidende, korrigiert Holly.

Ursula war damals, als die *West Side Story* im Londoner West End Furore machte, Bernsteins Musical alle Rekorde brach und die Kassen füllte, für das Orchester verantwortlich, war die Fixerin, auf die es ankam, dass jeden Abend und für die Matineen gespielt werden konnte, die Musiker pünktlich präsent waren und ebenso pünktlich bezahlt wurden, dass die rigorosen gewerkschaftlichen Bestimmungen eingehalten wurden. Wer also, wenn nicht die Geburtshelferin der zeitlosen Melodien, war berufener, die Idee, das Orchester auf drei Flöten zu reduzieren, und die Songs, untermalt mit Trillern, Zungenschlägen, Tastengeklapper, Lippenschnalzern und Absatzgesteppe, zu beurteilen.

«I feel pretty», «Maria Maria», «Somewhere» sind für heute vorgesehen. Ursula lässt sich die Arrangements vorspielen. Probenkribbeln, die Spannung ist spürbar wie seinerzeit, als das Original einstudiert wurde. Ursula fühlt sich um Jahrzehnte zurückversetzt. Wieder jung. Das Philharmonia Orchestra, das ECO, die English Opera Group Benjamin Brittens, das PJBE. Der Enthusiasmus, den es anzustacheln galt, die Musiker bei Stimmung zu halten, kein Laisser-faire aufkommen zu lassen, gute Laune zu bewahren, wenn es im

Orchester zu Unstimmigkeiten kam, wenn der Pass des Dirigenten verwechselt wurde, der Zug zum nächsten Auftritt schon unterwegs war und der richtige Ausweis mit dem Gegenzug heranbrauste, die Dokumente auf offener Strecke fliegend übergeben werden konnten.

Mit den Reminiszenzen an eine Zeit, die den drei Flötistinnen so fremd ist wie Ursula Facebook und Twitter, verschwindet die Nervosität der Flötistinnen fast gänzlich. Ja, Ursula hat ihn gekannt, den grossen Maestro mit dem zerfurchten Gesicht, den Schöpfer der *West Side Story,* den grossen Mahler-Interpreten, der im Übrigen eine der ersten Krisen in Ursulas und Philips Ehe auslöste.

Ursula war und ist eine Bewunderin Gustav Mahlers und Anton Bruckners. Ihre Sinfonien gingen ihr unter die Haut, trafen sie mitten ins Herz. Als sie zusammen mit Philip Jones im alten Luzerner Kunsthaus all diese Emotionen erlebte, sich an ihren Mann schmiegte, bemerkte sie vorerst seine Skepsis gegen diese Musik nicht. Draussen vor dem Konzerthaus stellte Philip Jones Ursula abrupt zur Rede, wollte ultimativ wissen, ob es ihr Ernst sei, sich für diese überschwängliche Interpretation Karajans erwärmen zu können.

«Was heisst erwärmen? Heiss und kalt laufen mir die Glücksschauer über den Rücken.»

Philip Jones schüttelte entsetzt den Kopf. Seine ganze Haltung verriet nichts als Verachtung. Hätte er gewusst, dass sie für einen solch hinterländischen Schmalz, missratenen Pie and Mash in Verzückung geraten würde, er hätte sich die Ehe nicht zweimal, er hätte sie sich überhaupt nicht überlegen müssen.

Ursulas Entgeisterung war noch echter als Philips Jones' Ausbruch. Waren sie, die beide von, mit und durch Musik lebten, auf zwei derart verschiedenen Geleisen? War sie seinerzeit in Arth-Goldau vielleicht doch falsch abgezweigt?

Nicht lange nach der ernüchternden Feststellung dirigierte Bernstein am Edinburgh Festival Mahlers zweite Sinfonie. Wohlweislich gab Ursula eine der zwei speziell für dieses Konzert gekauften Karten ihrem guten Freund Heinz Holliger und vermied eine weitere Konfrontation der so konträren Temperamente. Nach dem Konzert suchten Heinz Holliger und sie Bernstein im Green Room auf. Völlig aufgelöst, mit aufgeknöpftem Kragen, weit von sich gestreckten Beinen sass Bernstein in einem Fauteuil und konnte sich nach seiner Interpretation des genialen Meisterwerks einmal mehr eine sehr nahe Seelenverwandtschaft zu Mahler vorstellen.

«I feel that I myself composed this work.»

«Wäre Philip Jones statt Heinz Holliger an meiner Seite gestanden, die Scheidung wäre nur mehr eine Frage der Zeit gewesen.»

Die Aufzeichnung des Flötenmedleys zur *West Side Story* gelingt. Die Tempest Girls laden ein zu einem exklusiven Lunchtime Concert à la Wigmore Hall. Eine tief stehende Novembersonne scheint durch die hohen Fenster in Ursulas Salon mit Kunst und Büchern, einer Sammlung archäologischer Preziosen und einem Tafelklavier. Die Sonne verzaubert den Raum, den die drei auch tanzenden Flötistinnen in eine Bühne verwandeln, auf der ihre Version von *West Side Story* bestimmt auch Lenny gefallen hätte.

Und Hundertwasser hätte mit Komplimenten nicht minder gespart. Hundertwasser?

Die jungen Frauen können keinen Bezug zu diesem Namen herstellen. An den Wänden des grosszügigen Wohnzimmers hängt eine Serie von zehn Werken in starken gold- und silberglitzernden Farben des grossen, für eine natürliche Umwelt kämpfenden österreichischen Malers Friedensreich Hundertwasser. Auf einer Deutschland-Tournee mit dem ECO in den späten 1960er-Jahren entdeckte Ursula in einer Stuttgarter Galerie die nummerierte Hundertwasser-Serie *Regentag*. Als erfahrene frühere Art Dealerin überlegte sie nicht lange, schoss sich die Gage des Orchesters vor, kaufte die Silk Screen Prints und brachte sie mit dem Gepäck des Orchesters heim nach London.

Philip Jones war mit seinem Ensemble auf einer Ausland-Tournee. Ursula liess die einzelnen Werke gekonnt rahmen und ins Wohnzimmer hängen. «Unser Haus bekam mit Hundertwasser einen Gegenpol zur Grafik Hans Ernis.»

Ursula hatte die Rechnung ohne ihren Mann gemacht. Als er von seiner erfolgreichen Tournee zurückkam, in der Küche von den Konzerten und den Reaktionen des Publikums auf seine Kammermusik erzählte, beschlich Ursula wegen des veränderten Wohnzimmers doch ein etwas mulmiges Gefühl. Was, wenn er auf die grellbunten Farben, auf das Glitzern im Licht und die eigenwilligen, ganz und gar nicht ernihaft abgerundeten Formen, auf die radikale Umweltthematik wie seinerzeit auf Bruckner und Mahler reagierte?

Philip Jones war kein typischer Blechbläser, kein biertrinkender Berserker wie einige seiner Kollegen, denen oft jedes Verständnis für Kunst und Kultur abging. Mit einem äusserst feinen Sensorium ging er auf alles ein, was zur Wahrnehmung einen wachen Geist und Verstand erforderte. Anders als bei Ursula hatte seine Neugier aber Grenzen. Zudem galt für ihn als Engländer respektive Waliser, dass sein Heim sein Schloss war. Er wollte sich zu Hause in erster Linie wohl und behütet fühlen, seine Ruhe geniessen, und er duldete keine Betriebsamkeit, die seinem eingeschworenen Rhythmus zuwiderlief, ihn aus den Hausschuhen treiben konnte.

Philip Jones stutzte. Kunst gab es im Haus bereits im Überfluss. Onkel Hans an allen Wänden. Damit hatte er sich abzufinden gelernt. Auch die kreativen Schübe von Onkel Paul und Tante Berti fanden seine Zustimmung. Als er nun aber auf dem Weg zu seinen Schränken im Schlafzimmer auf halber Höhe in das Wohnzimmer trat und ihm die schrillen Farben, die kindlichen Figuren, die wilden Schmetterlinge, die Fabelwesen, die Mondgesichter, Schiffe und was weiss der Teufel für Ungetüme aus den glänzenden Metallrahmen anschrien, ihn mit Gebärden umarmen, für sich einnehmen wollten, floh er hinaus auf die Treppe, stützte sich mit der einen Hand an die eine, mit der anderen an die gegenüberliegende Wand, verlor schier die Besinnung und rief nach seiner Frau.

Alles, dachte Ursula, selbst die Verspottung ihres Kunstverstands hätte sie erwartet, nicht aber seinen nahezu hysterischen Ausbruch.

«You ruined my house with this rubbish!»

«Mein Haus», sagte er. Das Haus gehörte mindestens zur Hälfte auch ihr.

«Hundertwasser!» Nur schon der Name sage alles. Und noch Friedensreich dazu. Regentag. Dunkelbunt. Gegner der geraden Linie. Ein Verrückter, der sein biologisches Klo auf seinen Reisen mit sich trug und sich am natürlichen Abbau seiner Exkremente erfreute. Nein. Niemals. Philip Jones weigerte sich, das völlig verunstaltete Zimmer je wieder zu betreten.

Es war eine schlimmere Ehekrise als damals, als Ursula auf sein inständiges Bitten nicht bereit war, das Rauchen aufzugeben, und weiterhin ihre 60 filterlosen Zigaretten in die Lunge zog. Irgendeinmal gab Ursula ihm zuliebe das Rauchen auf. Die Hundertwasser-Bilder aber blieben an den Wänden. Ursula war überzeugt, dass sie mit der damals kontroversen Kunst dem Haus einen kreativen Kick verschrieben hatte, der einem für ihr ECO oder für Philip Jones komponierten zeitgenössischen Werk ebenbürtig war. Philip spielte mit seinem Ensemble Werke von Henze, Rautavaara, Lutoslawski. Hundertwasser gehörte doch irgendwie in die gleiche Kategorie.

Hartköpfig wie die Mutter, so die Tochter, dachte Philip und gewöhnte sich allmählich an den *Regentag* im Wohnzimmer, und wenn man diesem schrägen Österreicher nicht allzu grosse Beachtung schenkte, würde er sein halbwegs mit Torf gefülltes Klo wohl kaum unter den grossen Birnbaum im Garten stellen und die Nachbarn noch ultimativer dazu veranlassen, von seiner Frau einen Lebensrhythmuswechsel zu verlangen.

Stolz, das war Philip Jones ohne Wenn und Aber auf Ursulas Bachelor of Arts, den sie 1978 nach drei Jahren am Institut für Archäologie der London University erwarb. Jetzt hatte er nicht «bloss» eine im Musikbusiness anerkannte Managerin zur Frau, jetzt hatte sie auch bewiesen, dass ihr Interesse an diesem präkolumbischen Rubbish kein Spleen war. Ursula begann zu lehren, zu lektorieren, und was er von ihren Zuhörern und neuen Berufskollegen an Kommentaren mitgeteilt bekam, bestätigte ihn in seiner Wahrnehmung, seine Frau sei doch tatsächlich ein Phänomen. Er selbst war keine besonders grosse Hilfe, wenn sie ihn bat, ihr zu den minutiös vorbereiteten Lektionen, Vorlesungen, Vorträgen und Seminaren ein Urteil abzugeben. Wenn sie an ihm ihr Auftreten vor Studenten übte, stellte sie regelmässig fest, dass er beim versprochenen Zuhören eingeschlafen war. Nicht so, wenn sie seine Tourneen vorbereitete. Rund um die Welt spielte er, trat mit seinem Ensemble auf. Böse Zungen wollten festgestellt haben, überall dort, wo Ursula in Museen Zeugen aus der präkolumbischen Zeit in Zentralamerika vermutete oder nach zuverlässigen Berichten sicher war, ihr Wissen wissenschaftlich zu erweitern, habe das PJBE nach Konzerten eine längere Pause eingelegt, vielleicht seien die Tourneen sogar nach archäologischen Gesichtspunkten geplant worden.

Als Philip Jones 1986 seinen Leuten nach einem Konzert eröffnete, er beende hiermit seine aktive Karriere, sah Ursula die Zeit gekommen, ihren akademischen Ehrgeiz mit einem Doktortitel zu krönen. In Hongkong hätte Philip Jones an der neu gegründeten Music Academy Head of Music werden können, und Ursula bekam die Chance, die Leitung des Hong Kong Festival zu übernehmen. Die Verlockung war gross, in der Kronkolonie für Furore zu sorgen wie seinerzeit mit dem English Chamber Orchestra und Daniel Barenboim. Philip zögerte, sah sich eher in London und als Botschafter seiner von ihm vorangetriebenen Brass-Kammermusik. Als er von höchster Stelle angefragt wurde, ob er die Direktion des Trinity College of Music übernehmen wolle, zögerte er nicht lange und gab mit seinem Entscheid, sein breites Wissen und Können im eigenen Land weiterzugeben, in die Ausbildung junger Talente zu investieren, Ursula grünes Licht für die Fortsetzung ihrer Studien der Archäologie. Das Thema für ihre Dissertation ergab sich durch ihre Kenntnisse der vorspanischen Artefakte in Zentralamerika. Das British Museum mit seinen einzigartigen Sammlungen wurde ihr zum zweiten Wohn- und Studierzimmer.

In den späten 1980er-Jahren war der Besitz eines Computers noch nicht allzu selbstverständlich. Während eines sehr intensiven Eintageskurses eignete sie sich das Wordprocessing an, bekam das Erstellen von Dokumenten nach eigenen Worten so lala in den Griff. Ein wesentlich jüngerer Vetter und zudem ihr Patenkind war bereits ein Computerspezialist und führte seine Patin in die Welt der Datenbanken ein. Ursula begann ihren Computer mit Hunderten, wenn nicht Tausenden von präkolumbischen, besonders verzierten Mahlsteinen aus Zentralamerika zu füttern und fügte unzählige Details ein. Die Systematik faszinierte sie immer stärker. Neue Kenntnisse, Trouvaillen, überraschende Entdeckungen liessen sie staunen. Das Forschen hatte sie gepackt, die Wissenschaft wurde zur Leidenschaft.

Im Musikmanagement ging es um ihr Organisationstalent, um ihre Bereitschaft, auf alles noch so Überraschende, auf Menschliches und Allzumenschliches so zu reagieren, dass niemand zu Schaden kam, die richtigen Notenblätter auf die richtigen Notenständer zu liegen kamen, für Benjamin Britten nicht der falsche Fagottist im Orchester sass, Anita Lasker-Wallfisch auf Tourneen nicht mit den Albträumen von Auschwitz konfrontiert wurde, die Homosexualität einzelner Musiker nicht zu Konfrontationen mit der homophoben Einstellung anderer eskalierte. Jetzt ging es um das Erfassen kleinster Ornamente, um die möglichst präzise örtliche und zeitliche Lokalisierung «vorzeitlicher» Funde. Zum ersten Mal in ihrem Leben musste sich Ursula über Stunden, Tage und Wochen gedulden, sich Zeit nehmen, Zeit geben.

Philip Jones fand nach seinem ebenfalls sehr hektischen, von vielen anspruchsvollen Auftritten bestimmten Leben grosse Genugtuung in der Reorganisation des Trinity College. Was für Ursula das exakte und lückenlose Erfassen ihrer speziellen Objekte war, kam in Philip Jones' neuer Aufgabe Hunderten von Studenten und ihren Professoren zugute.

Ursula reichte ihre Dissertation zu Beginn des Jahrs 1992 ein. Im Sommer 1992 promovierte sie, bekam ihren PhD, den Doktortitel der Philosophie respektive der Archäologie. 60 Jahre alt war sie. Stolz? Ein bisschen schon. Auch Philip Jones. Hätte er, was ohne Weiteres möglich gewesen wäre, das aktive Trompetenspielen erst zu einem späteren Zeitpunkt aufgegeben, sie hätte ihre Chance, noch einmal etwas ganz anderes anzufangen und das Beste daraus zu machen, wahrscheinlich nicht mehr wahrnehmen können.

Die Zeit des akribischen Recherchierens kam auch ihrer Gemütslage zugute. Keine Midlifecrisis. Keine Verbitterung, aus was immer für Gründen, den richtigen Zeitpunkt verpasst zu haben und den Traum und dessen Realisierung von Jahr zu Jahr in weitere Ferne entschwinden zu sehen.

So wie ihr ein Freund erzählte, dass er sich nach der zwölften Geburtstagsparty von 40-Jährigen strikte weigerte, ein weiteres Mal zusammen mit Gleichaltrigen in den weinerlichen Gesang einzustimmen, «Ramona» zu singen. «Weshalb ‹Ramona›?» Weil es der süsse Schlager der damals 40-Jährigen war. «Ramona» mit 20. «Ramona» mit 40, weil die 20 Jahre dazwischen nicht genügten, aus dem Leben das zu machen, was dringend hätte gemacht werden müssen. «Ramona», weil nach 40 nichts mehr geht. Blieb die gute Laune, weil es für Ursula keine Zeit gab, je «Ramona» zu singen?

Ursula sitzt auch mit 85 noch am Computer, füttert ihn mit Daten zu ihren heutigen Tätigkeiten, zu ihren schier unüberschaubaren Unterfangen. Die Abhängigkeit von diesem Monster, dem alles könnenden Gerät, beschäftigt sie zusehends stärker.

Bei einem Gespräch über gute oder angespannte Nachbarschaft erwähnt Ursula, dass sie bei einem mitternächtlichen Telefonklingeln an nichts Böses dachte, ohne aufzuschrecken den Hörer abhob und davon ausging, Duncan Ward, der gerade in Übersee dirigierte, wolle ihr mitteilen, wie das Konzert verlaufen sei. Es war aber die vor noch nicht allzu langer Zeit eingezogene Nachbarin, die sie sehr unwirsch aufforderte, den Fernseher aus- oder zumindest leiser zu schalten. Ursula verstand die Gehässigkeit nicht und sagte, es müsse sich wohl um eine Verwechslung oder ein Missverständnis, um eine falsche Nummer handeln, denn sie besitze keinen Fernseher. Die Nachbarin, die auch dann keine Miene verzog, wenn sie mit Ursula gleichzeitig ins Haus oder aus dem Haus trat und die beiden Frauen nur durch ein Treppengeländer getrennt waren, brauste jetzt erst recht auf, bevor sie ihren Hörer auf den Apparat knallte. Dann erst wurde Ursula bewusst, dass sich jeden Abend um Mitternacht das Radio in ihrem Schlafzimmer automatisch einschaltete. Die ausführlichen BBC-Nachrichten sind Ursulas wichtigster Kontakt zu den politischen und anderen Geschehnissen in der Welt. Da sie zu der Zeit oft auch noch sonst wo im Haus unterwegs ist, ist der Radioapparat tatsächlich etwas laut eingestellt. Zudem steht er auf einer Kommode an der Wand zum Nachbarhaus. Aber das Gerät stand schon immer dort, und die Johnsons, die früheren Nachbarn, mit denen sie eng befreundet war, hatten sich nie beschwert. Im Haus selbst ist die Isolierung gegen Geräusche nicht besonders gut. Aber die Mauern zum Nachbarn waren dick genug, um lärmempfindliche Gemüter nicht auf die Palme zu treiben. Ach je. Auch am Morgen um sieben schaltete sich das Radio programmiert selbst ein.

Ursula nahm sich vor, sich zu entschuldigen, falls die Nachbarin die ausführlichen BBC-Nachrichten tatsächlich mit anhören musste. Die leidige Angelegenheit konnte nicht geklärt und der Nachbarin konnte nicht begreiflich gemacht werden, dass jemand noch ohne Fernsehen auskam. Als auch noch die Tastatur ihres Computers durcheinandergeriet und mit zuerst vorsichtigen, dann zunehmend heftigeren Schubsern nicht mehr zum korrekten Funktionieren zu bringen war, schlug Ursula der Zwist mit der unnahbaren Nachbarin doch ein wenig auf die sonst ungetrübte Laune. Sogar ein paar für sie gewohnheitsbedürftige Worte rutschten ihr über die Lippen.

«Ich habe keine Zeit zum Fernsehen, und in den Zeitungen stehen mehr Reklamen als Nachrichten. Wenn mir nun auch noch das Radio Widerwärtigkeiten beschert und der Computer sich über mich lustig macht, muss ich wohl oder übel einzusehen beginnen, dass ich langsam zu alt bin für das ganze Zeugs.»

Die Verstimmung hält nicht lange an. Hätte die Rolex Oyster eine Stoppvorrichtung gehabt, hätte es vom Druck zum Auslösen der Messung bis zum Stoppen der Dauer der schlechten Laune keine Umdrehung des Zeigers gebraucht.

«Wer eine Stoppuhr braucht, hat die Zeit nicht im Griff.»

12

Ursula und der vierte König aus dem Morgenland

Philip Jones war viele Jahre in der Jury zur Vergabe der Preise bei den renommierten Royal Overseas League Music Competitions. Jährlich vergibt die im ganzen Commonwealth tätige Institution ansehnliche Summen an junge Musikerinnen und Musiker, Künstlerinnen und Künstler. Ursula stiftet jedes Jahr zum Gedenken an Philip Jones einen Preis für den besten Blechbläser. Sie ist Ehrenmitglied der Royal Overseas League (ROSL) und nimmt die Gelegenheit wahr, im wunderschönen Klubhaus am Green Park die Teilnehmer der von ihr geführten Kulturreisen unterzubringen, den Leuten nach den vollen Programmen einen Hort der Ruhe und Erholung mitten in London anzubieten.

Nächtelang arbeitet Ursula die Erlebnisse als Reiseleiterin durch die Musik- und Kunstmetropole auf, überlässt nichts dem Zufall, möchte all jenen, die sich in vielen Briefen euphorisch für die einzigartigen Erlebnisse im Zentrum ihres Wirkens bedanken, beim nächsten Mal noch mehr Exklusives, Authentisches, nicht auf den Programmen üblicher Londonreisen Existierendes anbieten. Auch zu den Wettbewerben könnte sie ihre Reisegruppen mitbringen. Sofern ein Interesse vorhanden wäre.

Das grosse ROSL-Finale gewinnt die australische Geigerin Emily Sun. Ursula, wäre sie Jurymitglied, hätte auch für sie gestimmt. Dass der Gewinner der Holz- und Blechbläsersektion beim Final leer ausgeht, mag sie für einen Moment etwas traurig gestimmt haben. Auch wenn das Blech, das Renommee der glänzenden Instrumente und ihrer Spieler seit Philip Jones' unablässigen Bemühungen ständig steigt und heute kein Bassposaunist, Hornist, Tuba-Spieler oder Trompeter mehr belächelt wird, wenn er neben den Streichern, Pianisten, Sängern, Oboisten, Perkussionisten, Klarinettisten, Saxofon-Spielern und Flötisten zu Wettbewerben antritt. Ein bisschen stehen sie dennoch alle im Schatten der Instrumente, die man gegebenenfalls nicht mit Schalldämpfern bändigen muss. Erstaunlich und einmalig darum, dass ein Bassposaunist gegen die Gewinner Gesang, Piano und Streicher um die ROSL-Goldmedaille und die Preissumme von 12 000 Pfund anzutreten hat.

Wenn Ursula nach den fast täglichen Ausflügen zu den Abendveranstaltungen in den Konzertsälen und Theatern Londons und oft weit darüber hinaus heimkehrt an die Hamilton Terrace, noch Hunger verspürt, sich gerne vor einen Teller Spaghetti setzt, ein Toastbrot zur Delikatesse macht, einen Früchtecocktail zubereitet, sich auf Käse und Trauben freut, dazu ein Glas Wein trinkt und sich zum Schluss zu einem starken Espresso ein Gläschen Baselbieter Kirsch genehmigt, ist die Zeit gekommen, den Abend noch einmal Revue passieren zu lassen, einen Blick in die Agenda zu werfen und festzustellen, dass der morgige Tag, die nächsten Tage, Wochen und Monate so ausgebucht sind, dass es schwierig sein wird, Unerwartetes wahrzunehmen.

«Ach was. Irgendwie wird es schon gelingen, die Einladung zu einem Dinner doch noch anzunehmen, *King Lear* im Globe Theatre nicht zu verpassen, den jungen Rising Star, den Bariton Benjamin Appl (letzter Schüler Dietrich Fischer-Dieskaus), in der Wigmore Hall zu erleben.»

Auch wenn es zweifelsohne Qualitätsunterschiede gibt, Ursula verneigt sich vor allen Leistungen, geht mit negativer Kritik sehr sparsam um, wehrt sich vehement, wenn unqualifiziert an Künstlern herumgenörgelt wird. Aufbauende, fundierte Kritik schadet nicht, aber einfach so, weil es sich in gewissen Kreisen in den Pausen gut macht, über jemanden herzuziehen, in solchen Momenten kann Ursula die vornehme Beherrschung verlieren und ihre Meinung, ihre professionellere Beurteilung mit Vehemenz kundtun.

Einer ihrer jungen Musiker kletterte scheinbar mühelos die steile Karriereleiter hoch, genoss die stets illustreren Auftritte, die CD-Aufnahmen, die exklusiven Plattenverträge, die euphorischen Kritiken, den Einstieg in den Musik-Jetset.

«O doch. Das gibt es. Und der ganze oberflächliche Glamour wirkt sich bei vielen Shootingstars fast unweigerlich auf das künstlerische Niveau aus.»

Nicht so bei Ursulas Protegé. Ihm konnte der Status des prominenten, gut aussehenden Künstlers wenig anhaben. Dann aber spielte auf einmal der Körper nicht mehr mit. Schmerzen stellten sich ein. Nach medizinischen Abklärungen wurde konsequente Ruhe und eine Spezialtherapie verordnet. Nach der Absage mehrerer Konzerte und den damit verbundenen Reisen gab es ein erleichtertes Aufatmen. Es ging wieder. Und doch nicht. Der Körper rebellierte erneut. Ursula beunruhigte diese eigenartige Verweigerung mehr als den jungen Musiker selbst. Hatte er sich zu viel zugemutet? Steckte mehr dahinter als physische Überbeanspruchung? Nach einem weiteren abgesagten Konzert schüttete er seiner Entdeckerin und Förderin das Herz aus. In dem jungen Musiker ging etwas um, das nur in einem langen Gespräch geklärt werden konnte. Nicht in der Art der Küchengespräche, die Ursula wie kaum jemand anderes zu zelebrieren, zu ritualisieren und zu geniessen versteht. Bei Kerzenlicht, die Tür zum Esszimmer mit den Originalstichen William Hogarths zu *Rake's Progress* offen, hörte Ursula dem jungen Musiker zu und half ihm dank ihrer schier unerschöpflichen Kontakte, den für ihn richtigen Therapeuten zu finden. Als langjähriges Vorstandsmitglied des Musicians Benevolent Fund (MBF), einer gemeinnützigen Institution, die Musikern in Not professionelle Hilfe zukommen lässt, weiss Ursula, wie schwer eine Erkrankung, eine Verletzung, ein Nachlassen der Stimme, ein Todesfall, eine Scheidung oder andere private Katastrophen einen Musiker treffen können. Zumal die wenigsten Künstler fest angestellt sind und es bei sehr vielen mit der Altersvorsorge alles andere als gut aussieht. Die Königin war Patronin des MBF (heute: Help Musicians UK) und in der Regel beim Jahreskonzert, einer Benefizveranstaltung mit grosser Gala und potenten Spendern, zugegen. Am Konzert mit dem City of Birmingham Orchestra unter der Leitung von Sir Charles Mackerras begegnete Ursula der Queen und war nach einem Gespräch beeindruckt vom profunden Wissen Ihrer Majestät über die Aufgaben des MBF. Ursula ist der Queen mehrmals persönlich begegnet.

Eine andere gemeinnützige Institution konzentriert sich ausschliesslich auf Preise für junge Musiker. Auch Awards for Young Musicians (AYM) unterstützt Ursula tatkräftig. Die Organisation hilft dort, wo es begabten jungen Leuten an Geld für eine adäquate Ausbildung mangelt. Ursula erzählt von einem talentierten farbigen Jungen, dem AYM ein gutes Klavier besorgte und der jetzt zum unermesslichen Stolz seiner Mutter jeden Morgen um fünf aufsteht und sich zum Üben an sein Instrument setzt.

Im Szenerestaurant Sarastro in Covent Garden kam es zu ganz anderen Begegnungen, von denen sie heute noch gerne erzählt. Richard, King Richard, der leider viel zu früh verstorbene Wirt mit einem grossen Herzen für Opern, Künstler, randständige Menschen und Leute, auf die er sich verlassen konnte, hatte an Ursula schon nach ihrem ersten Besuch in seinem vor allem atmosphärischen Lokal den Narren gefressen. Das Essen war nie etwas Besonderes, aber der Wirt war ein einnehmender Mensch und das Personal von einer ansteckenden Herzlichkeit, dass ihm auch der verschleckteste Gast verzieh, wenn das, was auf den Teller kam, nicht unbedingt den Anforderungen entsprach, die man an ein Restaurant von hohem Niveau stellte. Niveau hatte das «Sarastro» vor allem, was die Musik betraf. Zu Richards Lebzeiten waren über die sehr guten und starken Lautsprecher nie etwas anderes als Opern zu hören. An gewissen Abenden traten junge Sängerinnen und Sänger, «the coming stars of the Royal Opera House», auf.

Ob in Richards Lokal mit seinen Logen und «Chambres séparées» alles nach Vorschrift gebaut worden war, lässt sich zu Recht bezweifeln. Seine Gäste waren auch Behördenmitglieder, und die Beamten der bekannten Polizeistation von Covent Garden gehörten zu Richards bevorzugten Kunden. Als das Restaurant in einem der Krone gehörenden Gebäude eingerichtet und mit dem ganzen nicht sehr wertvollen Krimskrams über eine längere Zeitspanne zu einem «kulturellen» Basar dekoriert wurde, ging die stadtbekannte Wirtin des Prince of Wales Pub beim Freimaurertempel jeden Tag mit ihrem Rottweiler auf einen Gesundheitsspaziergang. Neugierig nahm sie die Entstehung eines weiteren Tempels in Covent Garden wahr, getraute sich aber nicht, einen genaueren Blick über die Schwelle zu werfen. Auch Richard wurde aufmerksam auf die Dame mit dem grossen Hund. Eines Tages kaufte er auf dem Covent-Garden-Markt einen hölzernen Dackel auf Rädern. Sein Schwanz war mit den etwas exzentrischen Rädern verbunden und wedelte auch dann noch, wenn niemand mehr den Hund an der Leine vorwärtszog. Richard trat, kurz bevor die Wirtin vom «Prince of Wales» vorüberkam, mit seinem Hund vor die Tür und sprach die Dame an, von der er in Erfahrung gebracht hatte, dass sie nebst einem der ältesten Pubs auch die Vereinigung der Public-House-Wirte führte. Ob er sie, die bestimmt schon länger und zudem einen bestimmt viel wertvolleren Hund besitze, um einen Rat angehen dürfe. Lady Barbara schaute befremdet auf den hölzernen Spielzeugdackel, der von ihrem Rottweiler beschnuppert wurde. Sie nickte. Ob sie ihm ein Mittel empfehlen könnte, um seinen Waldi von den sich in seinem Magen eindeutig eingenisteten Würmern zu befreien. Lady Barbara drehte sich grusslos um und machte sich auf den Weg hinunter zur Themse. Um den nächsten Häuserblock kamen wie bestellt zwei ihr bekannte Bobbys geschritten. Lady Barbara steuerte auf die Polizisten zu und fragte, ob sie den verrückten Türken dort oben, den mit dem hölzernen Hund, kennen würden. Wie sie denn auf einen hölzernen Hund käme, fragten die Konstabler zurück. Waldi sei ein reinrassiger German Dachshound. Das arme Tier leide seit einiger Zeit an parasitären Würmern, und sein Besitzer mache sich grosse Sorgen. Richards Humor gefiel Lady Barbara, die rund um ihren exklusiven Pelzmantel auch so ihre Geschichten zu erzählen wusste.

In einem Lift im New Yorker Rockefeller Center wurde sie von einer zickigen Tierschutzaktivistin gefragt, ob sie wisse, wie viele Tiere für ihren Mantel das Leben hätten lassen müssen. Barbara stellte die Gegenfrage, ob sie, die junge Frau, sich vorstellen könne, für wie viele Männer sie sich für ebendieses teure Stück habe flachlegen müssen.

Lady Barbara und King Richard wurden sehr bald beste Freunde.

Ursulas Geschichten mit Richard führen auf eine Begegnung mit den Kehrichtabfuhrmännern zurück, die jeden Abend um Mitternacht den Müll aus dem «Sarastro» abführten und wegen ihrer Zuverlässigkeit ebenso jede Nacht von Richard grosszügig verpflegt wurden. Eines Abends, als Ursula nach einem Opernbesuch ins «Sarastro» trat, wurde sie von Richard an den Tisch der Kehrichtmänner geführt, und es entspann sich sogleich ein angeregtes Gespräch. Ursula interessierte sich für die Arbeit der Männer, die Herren fanden Gefallen an den mannigfaltigen Tätigkeiten der Dame aus St John's Wood. Richard tat das seine dazu, erzählte von all den Leuten, die durch und dank Ursula zu Weltstars wurden, übertrieb selbstverständlich nicht im Geringsten, schmückte bloss à la turque ein bisschen aus und setzte einmal mehr in die Welt, Mozart und Verdi seien Osmanen gewesen, und wäre Ursula eine Haremsdame im Serail, er würde sie zu Mozart-Musik eigenhändig entführen. Einer der Müllabfuhrmänner reagierte auf den Städtenamen Aldeburgh, wusste vom besten Fish-and-Chips-Schuppen an der ganzen Ostküste und auch, dass in den ehemaligen Malztrocknungsanlagen ein Konzertsaal entstanden sei, wo die Werke eines gewissen Ben Britten jedes Jahr während eines Festivals aufgeführt würden. Mehr nicht. Nein, in einem Konzert sei er nie gewesen. Er habe mehr für Jazz übrig, nehme aber nicht Reissaus, wenn Richard seine Opern so laut abspiele, dass die Gäste sich nicht mehr verstehen, nicht mehr miteinander reden könnten und ihnen nichts mehr übrig bleibe, als entweder zu bezahlen, das Lokal zu verlassen oder so viel zu trinken, bis die Musik auch dem hintersten und letzten Opernverächter zu gefallen beginne. Ob sie, Madame Ursula, schon einmal an diesem besagten Festival gewesen sei?

«Weshalb hätte ich meinen neuen, gewiss etwas gewöhnungsbedürftigen Freunden nicht verraten sollen, dass ich ein wesentlicher Teil des Aldeburgh Festival war, Benjamin Britten mir zutraute, mit meinem Orchester die Qualität zu bieten, die er für seine Musik zum Massstab machte?»

Die Müllabfuhrmänner erhoben sich einer nach dem anderen, zogen ihre Firmenmützen, verneigten sich vor Ursula, wie man sich eben vor einer Dame mit einem entsprechenden Lebenslauf verneigt.

King Richard erzählte seinen Gästen aus dem königlichen Opernhaus, dass die Lady, die Brittens *A Midsummer Night's Dream* uraufführte, schon mehrmals mit den Kehrichtabfuhrleuten arbeitend unterwegs gewesen sei und dass sie sich nach den ersten zaghaften Versuchen keck ans Lenkrad gesetzt habe und selbst in den engsten Gassen die schweren Fahrzeuge gewendet hätte. Es nützte nichts, dass Ursula auf Richards masslose Übertreibungen korrigierende Einwände anbrachte. Wer mit zwei neuen Kniegelenken und einem ersetzten Halswirbel noch Stepptanzen lerne, das Matterhorn besteige und vom Gipfel an einem Gleitschirm hinuntersegle, dem könne ohne Bedenken auch ein Londoner Müllabfuhrlaster anvertraut werden.

Was war dagegen einzuwenden? Ursula Jones, die Enkelin George Bernard Shaws, die Vertraute Toscaninis und Sir Simon Rattles, Bezwingerin des Kilimandscharos, auch zum Mount Everest unterwegs, Tochter einer erst mit 107 Jahren verstorbenen Mutter, Wegbereiterin Benjamin Brittens, Ursula Jones, die Frau, die dem Pianisten Daniel Barenboim den Taktstock in die Hand legte, als Freewoman of the City of London berechtigt ist, eine Schafherde über die London Bridge zu treiben, Erforscherin Tausender verzierter präkolumbischer Mahlsteine, hochdekorierte Doktorin der Archäologie, Entdeckerin und Förderin unzähliger zu Stars aufgestiegener Talente, Richard Strauss' *Frau ohne Schatten,* Sparringpartnerin von Alex Hurricane Higgins, schnellste Radfahrerin Londons, Herrscherin über ein Sparschwein, gefüllt mit Black-Cab-Fahrten, Witwe des Trompeters von St John's Wood, enterbte Erbin eines Schweizer Vermögens, selbstlose Verfasserin eines Testaments über ein ehrlich erworbenes Vermögen.

Richard, der König des «Sarastro» of Covent Garden, weiss, wovon er spricht, wovon er sprechen und was er weitererzählen darf. Nicht umsonst nannte man ihn auch den vierten König aus dem Morgenland, den Wirt aus *Tausendundeiner Nacht,* und wenn er die tausend Leben der Ursula Jones seinem Renommee entsprechend weitererzählt, braucht es keinen grossen Atem, den Sternenstaub von der Wahrheit zu blasen.

«Jede Geschichte, und wenn sie noch so wahr ist, hat ihre Patina.»

Ursula Jones, die etwas nüchternere Londonerin mit tief in der Schweiz verwurzelter Moral, kann mit Richards im Osmanischen Reich gründender Phantasie umgehen. Lachend. Und ihre Freunde quer durch alle Gesellschaftsschichten wissen besser als sie selbst, dass King Richard mit der Patina über der Wahrheit mehr als nur ein bisschen recht hat.

Wer aber ist dieser Alex Hurricane Higgins? Alex Higgins war ein Snooker-Spieler aus Belfast. Snooker ist die englische Art, Billard zu spielen. Wie in einem Königsdrama werden den Kugeln auf dem grossen, mit grünem Filz bezogenen Tisch die Positionen zugewiesen: Monarch ist der schwarze Ball. Sieben Punkte ist er wert. Komparsen gleich bilden 15 rote Kugeln eine liegende Pyramide. Der bloss eine Punkt für jede rote Kugel wird durch die Menge wettgemacht. An der Spitze der keilförmigen roten Phalanx präsentiert sich die rosarote Kugel. Die stolze Lady in Pink ist sich ihrer sechs Punkte durchaus bewusst. Etwas einsam in der Mitte des weiten Grüns wartet der blaue Ball darauf, seine fünf Punkte nach Bedarf optimal einzusetzen. Militärisch in Reih und Glied stehen die gelbe, die braune und die grüne Kugel bereit, ihre vier, drei oder zwei Punkte immer dann zur Verfügung zu stellen, wenn Schwarz, Pink und Blau nicht zum Einsatz bereit sind. Last, but not least der weisse Spielball. Obschon materiell ohne Wert, geschieht ohne ihn nichts, findet in den Stegreifdramen auf dem grünen Tuch kein Dialog statt. Auf ihn trifft das Queue des Regisseurs. Erst er setzt das Stück in Gang. Nur auf sein Geheiss berühren sich die bunten Bälle mal zärtlich wie zum Kuss, mal stossen sie heftig aufeinander, prallen mehrmals von den Banden zurück, legen kreuz und quer über den Tisch die erstaunlichsten Winkel und Wege zurück, verstecken sich listig hintereinander, schadenfreudig verweigern sie dem Spielmacher das punktende Klick-Klack, tanzen eine derbe Polka, wo ein Walzer, ein Menuett, ein Pas de deux angesagt gewesen wäre, retten sich, wenn keine Finte mehr hilft, in eine der sechs Taschen, aus denen sie, so-lange noch eine rote Kugel für sie bürgt, wieder auf den Tisch zu-rückkehren.

Alex Higgins trat aus den verrauchten Hinterzimmern der Public Houses mit den mächtigen, mit grünem Filz bezogenen Spieltischen und den farbigen Kugeln ins Scheinwerferlicht, wurde zum genials-ten Spieler, zum Enfant terrible, diabolischen Looser und Winner. Der Schauspieler Richard Dormer schrieb ein Stück über die im wahrsten Sinn des Worts gigantischen Hochs und Tiefs seines von ihm hochverehrten Landsmanns und spielte die One-Man-Show gleich selbst. Auf die umjubelte Uraufführung in Belfast folgten ebenso begeistert aufgenommene Aufführungen vom West End bis zum Broadway. Das Stück war eine erschütternde Eins-zu-eins-Dar-stellung des extremen Lebens eines Mannes, der Millionen erspielte und noch mehr Millionen wieder verspielte, sehr geliebt, verehrt und auch bei den wildesten und wüsten Eskapaden nie ausgelacht, ver-spottet oder verachtet wurde. Der Schauspieler und Autor agierte ebenso «verrückt» wie das Original. Die Bühne war ein riesiger Snoo-kertisch, auf dem Alec Hurricane Higgins' Genialität, Zerrissenheit, seine manisch-depressive Veranlagung, seine Exzesse, sein sarkasti-scher Humor und sein oft trunkenes Elend von Frame zu Frame zu einem Gesamtkunstwerk wurden. Oft schier unerträglich realistisch, um gleich darauf in Sphären abzuheben, die jeden Zuschauer glück-lich oder tieftraurig machten. Alex Higgins besuchte mehrere Vorstel-lungen, reiste seinem Alter Ego von Belfast nach Edinburgh, Shef-field und London nach. Bei der Uraufführung stürmte Alex Higgins auf die Bühne. Seine Bewunderer im Publikum jubelten, und er quittierte die Leistung Richard Dormers mit den Worten: «You've got balls, son!»

Ursula sah eine Aufführung im Londoner West End. Sie hatte zuvor noch nie einen Snooker Match miterlebt, hatte für diesen

Sport über endlos viele Stunden, wenn nicht Tage kein grosses Verständnis.

«Wo sollte ich auch die Zeit hernehmen, stundenlang vor dem Fernseher zu sitzen und zuzuschauen, wie sich da zwei Männer in Gilets und Fliege rund um einen riesigen Tisch wegen ein paar farbiger Kugeln das Leben schwer machen?»

Ursula kam vielleicht sogar noch ein bisschen erschütterter aus dem Theater als die anderen Zuschauer mit geröteten Augen. Das Spiel des Richard Dormer war so intensiv, dass er nach jeder Vorstellung in einen 14 Stunden langen Schlaf versank. Ursula kam lange nicht los von Hurricane Higgins, diesem «heiligen Sünder», kannte sie doch genug ähnliche Schicksale, wenn auch nicht ganz so extreme. Bei ihrem und Philip Jones' Engagement für den Musician Benevolent Fund lernte sie Menschen kennen, die auch himmelhoch jauchzend und zu Tode betrübt alles gewannen und noch mehr verloren. Ursulas Verschwiegenheit, ihre weit über hundertprozentige Diskretion hatten mit Alex Higgins einen Namen bekommen. Alex Hurricane Higgins war mal ein mehreren Frauen verfallener Sänger, dem der Unterschied zwischen der Bühne und dem realen Leben abhandengekommen war, der Geld ausgab, als wäre er auch im Privatleben ein spanischer König oder ein russischer Zar. Der nordirische Snooker-Held konnte auch die tablettensüchtige Geigerin sein, der Posaunist mit viel zu teurem Haus und Lebensstil, der an Leukämie erkrankte Solocellist oder die nach einem selbst verschuldeten Verkehrsunfall invalide Harfenistin. Sie alle und viele mehr litten in der Anonymität, konnten ihr Elend nicht wie Hurricane Higgins durch Richard Dormer von der Bühne schreien, auf ihre Schulden aufmerksam machen, die sie nie mehr zurückzuzahlen fähig sein würden, und trauten sich aus Scham kaum mehr auf die Bühne oder in den Orchestergraben.

Ursula konnte kein Stück schreiben und gar selbst die Hauptrolle übernehmen. Schlaf, machte sie sich selbst über sich lustig, hätte sie auch unter grösster Anstrengung wohl weniger nötig als der Mann, der mit einem Queue wie mit einem Zauberstab à la Harry Potter um sich fuchtelte und die bunten Kugeln mit magischen Tricks in die Taschen am Tischrahmen beförderte. Was sie aber konnte, war, genau hinhören, hinsehen und beurteilen, wo und wie geholfen werden konnte. Die Stiftungsgelder sollten so effizient als möglich an die wirklich Bedürftigen weitergegeben werden. Ohne die Selbstverschuldung an den Pranger zu stellen, ohne den Anschein, mit Grosszügigkeit das Laster gar zu fördern, die Eigenverantwortung zu mindern.

Als Ursula später einen grossen Snooker Match aus dem Crucible Theatre in Sheffield mitverfolgte, kam es ihr vor – weil im gleichen Theater auch Shakespeare auf höchstem Niveau gespielt wurde –, als sässe sie wirklich im Theater und die farbigen Kugeln seien die Protagonisten eines Königsdramas. Es waren weder Hurricane Higgins noch der fast ebenso legendäre Jimmy White, die sich als Regisseure duellierten. Es war nur der eine Spieler, der einen Frame lang allein am Tisch war, während sein Gegner mit versteinerter Miene weitab von allem Geschehen in einem bequemen Sessel wie am Pranger dasass. Der in den Fussstapfen von Alex Higgins spielende Ronnie O'Sullivan beförderte alle roten Kugeln und nach jeder roten auch die schwarze Kugel in die Taschen. Danach versenkte er die grüne, die braune, die gelbe, die blaue, die rosarote und zum Schluss die schwarze Kugel. 147 Punkte liess er sich gutschreiben. Das absolute Maximum. Am Jubel des Publikums und der Euphorie der Kommentatoren konnte Ursula abschätzen, was diese Leistung wert war, und sie suchte nach Adäquatem in der Musik, der Literatur, der Kunst. Ja, es gibt sie, die Sieger bei Wettbewerben. Nicht aber nach einem Konzert, einer Lesung, einer Inszenierung, an einer Vernissage. Mit dem Gewinn des Nobelpreises wollte sie weder einen Sieg

an einer Fussballweltmeisterschaft noch im Crucible Theatre vergleichen. Und Wimbledon, Lord's Cricket Ground, das Rugby-Stadion
in Twickenham? Gibt es «Unsterblichkeit» im Sport? Gibt es im Vereinigten Königreich eine Sportgrösse, die an die Bekanntheit eines
Benjamin Britten herankommt? Auch wenn die Beatles oder die
Rolling Stones ihre Erfolge nicht auf den gleichen Bühnen feierten
wie die grossen und kleineren Weltorchester Grossbritanniens, die
Musik bleibt zweifelsohne länger bestehen als sportliche Höchstleistungen. Und kann heutzutage immer wieder gehört werden. Bis sehr
weit zurück. Viel weiter als die Aufzeichnungen sportlicher Resultate
und Rekorde.

Für Ursula gibt es für die Musik und den Sport keine zwingenden
Gemeinsamkeiten. Ausser eben, dass es für Höchstleistungen sowohl
in der Musik und den anderen schönen Künsten den gleichen Fleiss
und Durchhaltewillen braucht wie im Sport.

Im «Soho» gab der Gewinner des Jazzpreises der Musicians'
Company, ein Kontrabassist, ein Konzert im Trio mit einem Schlagzeuger und einem Pianisten. «Pizza Express» bietet die Bühne an.
Das an den Konsumationstischen sitzende Publikum ist ein anderes
als das alltägliche. Wo Ursula an klassischen Konzerten und auch in
der Oper eher auf leicht angegraute Menschen trifft, auch wenn in
der Wigmore Hall selbst bei Konzerten der Wettbewerbsgewinner
Jugendliche nicht vorherrschen, würde man doch immerhin beim
Jazz mehr jüngere Leute erwarten.

«Die Youngsters sind nochmals anderswo anzutreffen», kommentiert eine ältere Dame vom Nachbartisch. «Dort, wo unsere bereits
überstrapazierten Trommelfelle nur mehr leicht vibrieren und die
jugendlichen Töne nicht mehr verarbeiten. Dort, wo man so lange
in der Masse stehen und Lichter schwenken muss, bis die Beine zu
schmerzen beginnen und niemand uns hört, wenn wir zu den häm-
mernden Bässen mitstöhnen.»

Im «Soho», nicht weit entfernt vom legendären «Ronnie Scott», sitzen tatsächlich mehr bestandene Gäste als früher bei ähnlichen Konzerten. Auch der Jazz ist in die Jahre gekommen. Und mit ihm die Männer, die ihre einst schulterlangen Mähnen zu modischen, schütteren Rossschwänzchen auf die Hemdkragen zusammenbinden. Eigenartig, dass man das Publikum eines Konzerts des Philharmonia Orchestra von einer Jamsession im «Pizza Express» beim Hyde Park Corner oder im «Soho» so eindeutig unterscheiden kann.

«Nur bei den Männern», meldet sich die Frau vom Nebentisch erneut. «Wir Frauen trennen uns viel leichter von unseren Träumen und Wünschen und klammern uns nicht an Äusserlichkeiten.»

Ursula stimmt der Dame zu. Sie erinnert sich an den Stipendiaten, der nicht mehr aus dem Staunen rauskam, als man ihm am Box Office erklärte, selbst bei einem Benefizkonzert in Anwesenheit eines hohen Mitglieds des Hofs genügten ein T-Shirt und Jeans.

«Sofern sie sauber und die Füsse gewaschen sind», hält die Dame fest, die sich vom Rhythmus des Jazztrios zur sitzenden Tänzerin animieren lässt.

Philip Jones hätte gerne auch Jazz und diesen bestimmt ebenso einmalig gespielt wie barocke Musik. Aus Gründen der Perfektion setzte er aber Prioritäten. Für alles gab es zudem schlicht keine Zeit. Bei Ronnie Scott hingegen war er sehr gerne zu Gast.

Er war mit seinem Ensemble oft unterwegs. Dazu erzählt Ursula die Geschichte vom mehrstündigen Stau auf einer deutschen Autobahn. Sie sass am Steuer eines VW-Busses. Es war heiss. Die Fenster alle heruntergekurbelt und zurückgeschoben. John Fletcher griff nach seiner Tuba, begann ein paar Akkorde zu spielen, improvisierte, was ihm in der wenig erfreulichen Situation in den Sinn kam. Wahrscheinlich erinnerten ihn die endlosen Kolonnen vor, hinter und neben ihnen an Hans Werner Henzes *Essay on Pigs*. Philip Jones setzte seine Trompete an die Lippen, übernahm, was John Fletcher vorgab. Ob Henze der richtige Komponist war, auch den anderen Autobahnbenutzern die Langeweile, die aufkommende Nervosität zu nehmen, den da und dort vernehmbaren Ärger in versöhnlichere Bahnen zu lenken, durfte bezweifelt werden. Scott Joplin klang amüsanter. Ob die Deutschen mit «Music for the Kings and Queens of England», im Auto festsitzend, viel anfangen konnten, war ebenso unsicher. Paul McCartneys Album *Tug of War* vielleicht? Niemand protestierte mit der Hupe. Ein Sousa-Marsch gefällig? Eine Sequenz Gabrieli? Eine Passage aus Händels *Wassermusik?* Ein Stück aus Mussorgskis *Bilder einer Ausstellung?* Ein paar Lollipops? Ein Konzert für im Stau stehende Leidensgenossen und genervte Terminverpasser? Ein durchschlagender, mit Freude geblasener Erfolg. Ohne Feedback? Doch, als die Kolonnen sich wieder in Bewegung setzten, hob ein fröhliches, lang andauerndes Hupkonzert an. Wie wurde diese Fröhlichkeit denn festgestellt? Eine Autohupe zeigt in der Regel keine und wenn schon doch eher aggressive Emotionen. Am Rhythmus. Eindeutig am Rhythmus war die Fröhlichkeit zu erkennen.

Philip Jones erlebte die Blütezeit des «Sarastro», dieses Etablissements auf des Kitsches Scheide, nicht mehr. King Richard hätte auch ihn dazu gebracht, aus der Royal Box ein Signal quer durch den nach Trompetengold und kopiertem Glanz leuchtenden Raum zu blasen. So wie Shirley Bassey sich nicht zierte, als sie Richard mit «Goldfinger» besang und ihm «My Way» schenkte, damals, als er nach einem letzten Whiskey nicht mehr aufstand.

Ursula brachte Richard die «Königin der Nacht» vom Royal Opera House ins «Sarastro», und als sie einmal mit Jugendfreundinnen aus bester Gesellschaft bis nach Mitternacht auf ihre Freunde von der Müllabfuhr wartete und die Männer sie überschwänglich mit «Hello, dearest Ursula» begrüssten, wunderten sich die Damen in grosser Garderobe schon ein bisschen, wen ihre kleine Ursula alles kannte, was für nicht ganz alltägliche Freunde sie hatte. Wäre es seinerzeit nach ihren Eltern gegangen, sie hätte den damals als ausgezeichnete Partie gehandelten späteren Mann einer dieser erstaunten Freundinnen heiraten sollen.

An einem Memorial für den verstorbenen King Richard sang Sir David, das über viele Jahre treue und besorgte Faktotum des Restaurants, anstelle der aus Termingründen verhinderten Shirley Bassey «My Way». Ursula hätte gerne miteingestimmt. Die trauerbelegte Stimme erlaubte es nicht.

13

OBE, Ehrennadel und ein Chair Man

Ursula Jones stand ein langes Leben auf unzähligen Bühnen, verliess sie aber immer, wenn kurz danach der Vorhang hochgezogen wurde. Das Rampenlicht überliess sie anderen. Nicht weil sie es gefürchtet hätte. Sie war und ist die Managerin im Hintergrund. Sie ist die Person mit dem aussergewöhnlichen Gespür für Begabung und was daraus zu machen ist.

«Im Publikum sitzen und überzeugt sein, dass da oben auf der Bühne eine junge Frau, ein junger Mann, fast noch ein Knabe oder ein Trio aufspielt, dass den Leuten im Saal der Atem stockt – doch, das kommt in den wenigen Sternstunden vor, wenn Gänsehaut die Arme hochsteigt und beim Applaus Tränen über die Wangen kullern. Aber all das hilft den gefeierten Künstlern wenig, wenn ich nicht zu ihnen in den Green Room gehe, den oft glücklich Erschöpften auf Augenhöhe begegne, mich über ihren Werdegang genauer als im Programmheft erkundige, sie um ihre Verbindungen zu Agenturen befrage und mich ihnen als Lobbyistin anbiete.»

Ursula mag den Begriff Lobbyistin eigentlich nicht. Sie vertritt keine Interessen und deren Gruppen. Ein Helfersyndrom? Um Gottes willen! Ursula hat kein geringes Selbstwertgefühl, das die Psychologie denen attestiert, die fast krankhaft überall zu helfen gewillt sind und auch dann auf eine Notwendigkeit pochen, wo keine vorhanden ist. Noch nie hat sie jemandem, bloss um sich dabei gut oder gar besser zu fühlen, irgendeine Art von Hilfe aufgedrängt. Sollte sie selbst Hilfe brauchen, würde sie diese uneingeschränkt annehmen.

Ein Arm, in den sie sich einhaken kann, wenn nach einem langen Tag in ihrem Büro, nach endlosen Telefonaten, Dutzenden von geschriebenen E-Mails, wenn sie nach einem langen Abend auf einem unbequemen Sitzplatz in einem zwar wunderschönen, aber kniefeindlichen Londoner Theater mit Zehntausenden von kultur- und unterhaltungsbeflissenen Menschen unterwegs nach Hause ist.

Mag sein, dass Ursula ab und an ihre körperlichen Grenzen als Quantité négligeable einstuft, ihre eigenen Bedürfnisse und Wünsche hinter die ihrer Bekannten und Freunde stellt, sich dann aber sehr bald darauf besinnt, wie befriedigend und beglückend zum Beispiel ihre letzte Reise nach Mexiko war, wie sehr sie sich auf die Olivenernte bei lieben Freunden in Südfrankreich freut, wie gerne sie auch eine beschwerliche Reise zu einem Konzert eines von ihr geförderten Künstlers unternimmt, wie sehr sie die für sie zubereiteten Spaghetti und dazu ein gutes Glas Wein mag, wenn sie etwas müder von einer Reise zurückkommt als noch vor einem Jahr. Dabei käme es ihr nie in den Sinn, für irgendetwas, das sie mit grösster Selbstverständlichkeit für andere auf sich nimmt, Dankbarkeit zu erwarten. Dass die iranische Familie in ihrer Mews sich mit kleinen Überraschungen, kulinarischen Delikatessen für ihr grosszügiges Entgegenkommen bei den in St John's Wood sonst horrenden Mietzinsen erkenntlich zeigt, ist ihr manchmal schon fast ein bisschen peinlich. Weil sie aber weiss, dass ihre Freude den Mietern im Kutscherhäuschen in ihrem unsicheren Status Mut macht, kommt das Ursulas natürlicher Herzlichkeit gelegen.

Wenn dann eines Tages ein Brief aus dem Buckingham-Palast eintrifft, Ursula an eine Einladung zu irgendeinem königlichen Dinner denkt und bereits überlegt, wen sie, falls eine Begleitung erwünscht sein sollte, um den Arm bitten könnte, um auf den weiten Treppen nicht ins Stolpern zu geraten, ist die Überraschung umso grösser, dass es sich um eine ganz andere Einladung handelt. Es ist eine Invitation, wie sie Philip Jones zweimal zugestellt bekam, zu der sie ihn mit viel berechtigtem Stolz begleitet hatte und sich auf dem Weg zu dem grossen Event von ihrem Gatten sagen lassen musste, sie möge in Anbetracht der Bedeutung der Audienz doch bitte auf persönliche Fragen oder Bemerkungen, wie seinerzeit die Königin von Tonga betreffend, verzichten und ihre Zunge zügeln, wenn es um die Verwandtschaft mit der auch schon ins Spiel gebrachten Lillie Langtry gehen könnte.

Und nun also sie, Ursula Jones, Officer of the Order of the British Empire (OBE). Für ihre Verdienste an der Musik über all die vielen Jahre, in denen sie sich nicht gescheut hatte, ihre grunddemokratische Einstellung zu betonen und wenn immer möglich ihren Bürgerpflichten als Schweizerin nachzukommen. Oft liess sie sich von Besuchern aus der Schweiz beraten, wenn sie sich mit der Materie einer Volksabstimmung nicht vertraut genug fand. Von Haus aus dem Liberalismus, dem Schweizer Freisinn zugetan, musste sie ab und zu im Nachhinein feststellen, dass ihre meist aus Künstlerkreisen stammenden Berater sie in eine etwas abweichende Richtung informiert hatten. Die kleine Welt der Schweizer Demokratie sei deswegen nie schwerwiegend ramponiert worden. Ursula nahm den Orden mit Stolz und Genugtuung entgegen, ohne besonderes Aufheben. Keine grosse Party, aber dankbar, dass es anscheinend einflussreiche Leute genug gibt, die sie der Ehre würdig befinden. Ob ihr das OBE hinter ihrem Namen etwas nütze, will sie weder bejahen noch verneinen.

«Müsste ich eine Wohnung suchen, hätte ich ab einer gewissen Kategorie wahrscheinlich bessere Chancen als ohne die drei charismatischen Buchstaben.»

Den Doktortitel erwähnt sie schon gar nicht erst. Ursula braucht keine Wohnung. Sie wird so lange als irgendwie möglich in ihrem Haus wohnen bleiben. In St John's Wood, an der Hamilton Terrace, wo ein OBE nicht besonders auffällt. Links oberhalb der schlichten braunen Holztür hängt die grüne Plakette und zeigt den Passanten und Besuchern, dass hier von 1964 bis 2000 Philip Jones wohnte. Ein grosser Musiker mit zwei königlichen Orden. In der Nummer 12 war Sir Charles Mackerras CH, AC, CBE zu Hause. Seine Plakette leuchtet blau. Es waren Ursula und Philip Jones, die den australischen Dirigenten auf das zum Kauf ausgeschriebene Haus aufmerksam gemacht hatten.

Charles Mackerras war Chefdirigent an der Hamburger Oper und hatte einen Gastauftritt in London. Seine Hosenträger waren in Hamburg vergessen geblieben. Der Maestro fragte den im Orchester spielenden Philip Jones, ob er ihm aus der Verlegenheit helfen könnte. Als Mrs Mackerras die Leihgabe dankend zurückbrachte, erwähnte sie, ihr Mann sei als Chefdirigent an die Sadler's Wells Opera berufen worden, die Familie suche jetzt dringend ein Haus in London. «Gerne machte ich Mrs Mackerras darauf aufmerksam, dass das Nachbarhaus gerade zum Kauf ausgeschrieben sei, und bald schon zog Charles Mackers mit seiner Familie ein. Es wurde eine sehr gute Nachbarschaft. Meine Hosenträger aber waren und blieben ruiniert. Charles musste beim Dirigieren so fürchterlich geschwitzt haben, dass die ganze Elastizität dahin war», gab Philip Jones in einschlägigen Kreisen gerne zum besten.

Sir Charles soll in jüngeren Jahren ein äusserst temperamentvoller Kapellmeister gewesen sein, laut und oft sehr ungeduldig. Nicht wenige Musiker sollen unter seiner Vehemenz so gelitten haben, dass ihr Angstschweiss sich in einem gesteigerten Verschleiss der Hosenträger manifestiert hätte. Sir Charles wurde im Alter zusehends ruhiger, verträglicher, abgeklärter. Ein von allen grossen Orchestern hochgeschätzter, von den Musikern verehrter Dirigent. Geschwitzt hat er bis zu seinem letzten Konzert, und weil er seine engsten Freunde gerne im Green Room empfing, schon des klitschnassen Hemds entledigt, umarmte er den einen oder anderen Gratulanten so innig, dass die ganze Schweissesnässe sich auf den Umarmten übertrug.

Ursula liess das Basement in Nummer 14, wo über eine sehr lange Zeit ihr Büro untergebracht war und noch Jahre nach ihrem Verzicht auf Zigaretten eine dicke Schicht Nikotin auf den Regalen und den lückenlos gesammelten Programmheften des English Chamber Orchestra lag, zu einer kleinen kuscheligen Wohnung mit Wohnzimmer, Schlafzimmer, Küche und Bad umbauen. Dort unten, mit einem direkten Zugang zum Garten, wohnt Edite, eine kleine, attraktive, stets fröhlich gestimmte Brasilianerin. Sie sorgt in mehreren Privathaushalten und im Altersheim von St John's Wood für perfekte Sauberkeit. Sie schaut auch zu Ursulas Haus und Garten, als gehörte das ganze Anwesen ihr. Niemand hat flinkere Hände als Edite, und wenn ihr Englisch an die Grenzen ihres Sprachvermögens stösst, huscht ein Lächeln über ihr Gesicht, blitzt es aus ihren Augen, als wäre sie soeben zur diesjährigen Sambakönigin gewählt worden. Vielleicht habe Edite nicht den grünen Daumen ihrer Vorgängerin im Basement, dafür eine geschicktere Hand für alles Praktische im typischen Londoner Stadthaus auf fünf Etagen und tausendundeiner Erinnerung an die goldenen Zeiten ihres Philip Jones.

Vor Jahren hatte Ursula von ihren amerikanischen Nachbarn und Freunden Rob und Sherry Johnson die Italienerin Marina übernommen. Sie war eine ausgebildete Krankenschwester, wohnte bei Sherry und Rob, arbeitete in einem nahe gelegenen Spital und hielt anstelle einer Miete das grosse Haus und auch den Garten mit einer unübertrefflichen Perfektion in Ordnung. Marina war eine sehr ernsthafte Frau. Sie konnte aber ein äusserst gewinnendes Lächeln aufsetzen, wenn sie bei ihrer leidenschaftlich ausgeführten Arbeit im Garten auf beiden Seiten des Hauses von Nachbarn angesprochen wurde. Weshalb sie dann aber ihren Job im Spital aufgab und sich als Putzfrau an diverse Haushalte verdingte, blieb ihr Geheimnis. Als Lady

Mackerras bei einem von ihrem Mann mit grossem Erfolg dirigierten Konzert der Berliner Philharmoniker in der Philharmonie von einem zu Fall kommenden grossen schweren Mann umgerissen wurde, mit gebrochener Hand und Rippenbruch in die Charité eingeliefert werden musste, tags darauf aber wieder nach London heimfliegen konnte und von Marina zu Hause sehr fürsorglich gepflegt wurde, bekam Marina den Ruf, die Samariterin der Hamilton Terrace zu sein. Bei der damals grassierenden Überalterung der zur Nobel- verkommenen Künstlerstrasse wurde bei Marina alles darangesetzt, dass sie nach dem Wegzug der Johnsons der Strasse erhalten blieb. Ursula, gewitzigt durch die Erfahrungen mit ihrer hochbetagten Mutter, übernahm Marina samt Katze vom Nachbarhaus und quartierte sie ebenso unentgeltlich in ihrem Basement ein.

Irgendetwas musste mit der bis anhin zwar sehr ernsten, aber doch sehr umgänglichen Italienerin geschehen sein. Ihr Lächeln verschwand. Sah man ihr bei der Arbeit in Haus und Garten zu, war der verhärmte, verbissene Zug um ihren Mund nicht zu übersehen. Brachte Ursula nach Konzerten und tausend anderen Anlässen Gäste mit nach Hause, beschwerte sich Marina über den unzumutbaren Lärm im – zugegeben – nicht besonders gut isolierten Haus. Es war für Ursula, die Konflikte zu vermeiden versuchte und ihre Gäste zu Rücksicht gegenüber der Bewohnerin im Basement aufforderte, eine nicht sehr angenehme Zeit. Sich vorzustellen, Marina ausgeliefert zu sein, «wenn es denn einmal so weit ist», wurde zum Albtraum. Ein leidiges Kapitel. Zumal Ursula, als sie Marina quasi von ihren Nachbarn übernahm und die halbe Hamilton Terrace Marinas Einstand bei der in Berlin verunglückten Lady Mackerras als glückliche Fügung bewertete, ernsthaft überlegte, der Italienerin ein lebenslanges Wohnrecht in der Mews anzubieten.

Ursula entschloss sich anders. Sie wollte das Basement umbauen, zu einer vollwertigen Wohnung umgestalten, was bedingte, dass Marina und die Katze Nacho sich für die Zeit der Bauarbeiten entsprechend hätten anpassen müssen. Marina lehnte entschieden ab. Vor allem, weil Nacho Staub und Farbgeruch nicht zugemutet werden konnte. Dann starb die alte Katze, und Ursula entschied sich für eine Totalrenovation des Basement. Marina war der Umbau nicht genehm. Sie verweigerte ab sofort jede Gesprächsbereitschaft und verschwand eines Tages, ohne sich von Ursula zu verabschieden.

Da lebte jemand mehrere Jahre im Haus, genoss das uneingeschränkte Vertrauen der Besitzerin, hatte Zugang zu allen Räumen, hatte für den Garten einen grünen Daumen, duldete nirgends Staub, der älter als zwei Tage war, kochte in der Küche nicht immer die Gerichte, deren Gerüche Ursula gefielen, lebte in der oft längeren Abwesenheit der Besitzerin wie im eigenen Schloss, nahm bei der erstbesten Gelegenheit ihren Koffer, aus dem sie ausschliesslich gelebt hatte, unter den Arm, entschwand für immer.

Ein Psychologe, der vorübergehend im Kutscherhäuschen wohnte und Marina kennengelernt hatte, vermutete als Ursache ihres sonderbaren Verhaltens ein Kindheitstrauma, womöglich sexueller Missbrauch. Ursula staunte. Wenn Marinas Kater Lust zum Streunen überkam, am Morgen, bevor die Italienerin zeitig aus dem Haus und zur Arbeit musste, nicht zum Fressen erschien, weckte die einstige Krankenschwester halb St John's Wood mit ihrem gehässigen Geschrei nach ihrem Vierbeiner. Fremd und fremder wurde Ursula die Dame im Basement, die sich anschickte, das ganze Haus zu beherrschen, zu tyrannisieren. Manchmal kam Marina ihr vor wie eine Figur aus der Jerry-Springer-Show im Londoner Cambridge Theatre, wohin sich Ursula von einem Freund verführen liess. Wild und ungebührlich ging es dort zu und her. Ein Gruselkabinett sondergleichen. Aus allen Normen gefallene Menschen streiften jede Scham ab und überfielen sich mit verbalen Ungeheuerlichkeiten und eindeutig zweideutiger Gestik. Alles mit grösster Bühnenprofessionalität, mit steptanzenden Ku-Klux-Klan-Horden. Grossartig und ebenso abscheulich. Schlechter Geschmack in Perfektion. Ursula empfahl *Jerry Springer – The Opera* weiter und trat in ziemlich tiefe Fettnäpfe. Sich mit Müllmännern anfreunden, sich im Rolls-Royce Phantom Six eines türkisch-zypriotischen Wirts und verqueren Geschichtenerzählers wie die Königin der Hamilton Terrace nach Hause fahren lassen, ja. Aber einem ein Musical in höchsten Tönen anzupreisen, in dem nicht bloss übelster Geschmack zelebriert wurde, wo es vor Blasphemie und Obszönitäten nachgerade stank, nein. Ursula nahm's gelassener als seinerzeit ihre von Kindheitserinnerungen geprägte Abneigung gegen den als *Shockheaded Peter* über die Bühne geisternden Struwwelpeter. Ursula kann mit absurdem Theater besser umgehen als mit Musik, die ohne Hingabe, ohne Feuer im Hintern gespielt wird.

«Excuse me. Aber wenn die Geiger, die anderen Streicher, die Holz- und Blechbläser auf ihren Hockern kleben bleiben und die Frackschösse wie die lahmen Flügel fetter Krähen zum Boden hinunterhängen, sind mir perfekt steptanzende Ku-Klux-Klaner als zynische Persiflage lieber.»

Mit Mister Whittle, dem ihr und Philip Jones treu ergebenen Handyman, der nie ohne Krawatte zur Arbeit an die Hamilton Terrace kam, ging sie als Geburtstagsgeschenk ins ABBA-Musical *Mama Mia* und liess sich vom 80-jährigen früheren Malervorarbeiter bei Scotland Yard von seiner Faszination für die Musik der Hitparadenstürmer aus Schweden mitreissen.

«Die verstehen etwas von Dramaturgie, Mrs Ursula. Die wissen vielleicht noch etwas besser als Ihr Beethoven und Britten, dass nach einem ruhigen, der Seele schmeichelnden Mittelsatz ein furioses Finale folgen muss. Waterloo!»

Wenn im Flugzeug in die Schweiz, wo Ursula mit der Ehrennadel der Stadt Luzern ausgezeichnet wird, eine Mitpassagierin sie in ein

Gespräch über Royal Ascot verwickelt, Ursula ohne jede Überheblichkeit verrät, dass sie mit dem Schweizer Botschafter das Geschehen auf dem Racecourse von der Royal Enclosure mitverfolgte, und die Dame ihr diese Ehre nicht zutraut, Ursula mit der Frage nach den Hut- und Kleiderfarben der Queen auf die Probe stellt, antwortet Dr. Ursula Jones OBE absolut detailgetreu.

Ursula drängte sich der Schweizer Botschaft in London nicht auf. Erst als die Zuger Kulturstiftung Landis & Gyr sich mit drei Häuschen im East End für den kulturellen Austausch zwischen der Schweiz und England mit viel Herzblut und grosszügigen finanziellen Mitteln zu engagieren begann, aber vorerst von der Botschaft nicht gebührend wahrgenommen wurde, machte der Geschäftsführer der Stiftung aus Zug die zuständigen Diplomaten auf die Frau aufmerksam, die wie kaum eine andere Person die Musikszene beider Länder kannte. Ursula wurde Mitglied des Swiss Cultural Fund in UK. Sie bestimmte bis zu einem gewissen Grad die Richtung, in welche die kreative Seite der Schweiz in England wahrgenommen werden sollte. Der Swiss Ambassador Award ist auf ihr Anraten geschaffen worden. Jedes Jahr zeichnet der Schweizer Botschafter junge, ausserordentliche Solisten oder ein Kammermusikensemble aus. Der Preis ist mit einem Konzert in der Wigmore Hall verbunden. Im Curriculum Vitae eines Musikers ist ein Auftritt in der renommiertesten Konzerthalle für Kammermusik eine ganz besondere Kostbarkeit.

Zu reden gab Ursulas Widerstand gegen zu aufwendige Preisverleihungen. «Auf den Champagner und die allzu deliziösen Häppchen verzichten, dafür das Preisgeld erhöhen.» Gut für die Künstler, unangebracht für eine repräsentative Diplomatie.

In der von den Architekten Herzog & de Meuron umgebauten Swiss Church in der Endell Street in Covent Garden organisierte Ursula unter dem Motto Swiss Connections regelmässig Konzerte mit jungen Musikern. Der sakrale Raum ist ein Bijou. Akustisch aber ein Desaster. Dennoch, die Kirchgemeinde suchte nach jemandem, der sich in der Musikszene auskannte, die nötigen Beziehungen hatte und wusste, wie man Musiker, Sänger und das nötige Publikum zusammenbringt. Wer, wenn nicht Ursula Jones, konnte die gesuchte Person sein? Eine Kirchgängerin ist Ursula aber nicht. Nach dem Tod ihres Gatten und der eindrücklich gestalteten Abdankung in der Kirche von St John's Wood am 26. Januar 2000 besuchte Ursula ab und zu die sonntäglichen Gottesdienste. In erster Linie wegen der Musik und des überdurchschnittlichen Chors.

Nach Covent Garden geht sie in die Oper, ins Konzert und bis zum Tod King Richards ins «Sarastro». Abends. Tagsüber ist ihr der Weg eindeutig zu weit.

Für die Konzerte in der Swiss Church setzte sie sich ein wie für alles, zu dem sie einmal Ja gesagt hat.

«Wenn es mir bloss leichter fallen würde, Nein zu sagen. Oft Nein zu sagen.»

Die Kirchgemeinde zeigte sich wenig kooperativ. Ursula brachte ihre Freunde und Bekannten als freiwillige Helfer mit. Der erfolgreiche Geschäftsmann, der jeweils die Stühle zur Konzertbestuhlung aufstellt und wieder versorgt, ist weder ein Kirchgänger noch ein Schweizer. Aber stolz darauf, Ursulas Chair Man zu sein. Aus Erfahrung weiss Ursula, dass Flyer und Newsletter der Kirche bloss ein paar ältere Gemeindemitglieder rekrutieren. Sie schrieb für jedes Konzert Hunderte von persönlichen Briefen und E-Mails. Um den Frust ihrer treuen Helfer und der von der unmöglichen Akustik enttäuschten Musiker nicht auf die Spitze zu treiben, hätte sie die Flinte gerne ins Korn geworfen. Wenn es denn in der Strasse mit dem immerhin besten Fish-and-Chips-Restaurant Londons das nötige Feld gäbe.

Ursula ist seit Langem Stiftungsrätin des Lucerne Festival, ist im

Vorstand der Streetwise Opera und des Nationalen Jugendblasorchesters Englands, Stiftungsrätin des Samuel Gardner Fund zum Schutz öffentlicher Bäume, Gärten und Spazierwege, zur Förderung der Künste und der Musikerziehung, sie ist Stiftungspräsidentin der Strebi-Stiftung in Luzern, Vorstandsmitglied einer Stiftung zur Förderung des Musikaustauschs zwischen Indien und dem Vereinigten Königreich, Mitglied der Royal Society of Musicians, Mitglied der Park Lane Group zur Förderung junger Musiker. Dazu kommt die Ehrenmitgliedschaft des Trinity College of Music. Sie ist Freeman of the City of London, Ehrenmitglied des Royal Northern College of Music und Ehrenmitglied auf Lebzeiten der Royal Overseas League.

Alle diese ehrenamtlichen Mitgliedschaften, die Auszeichnungen für ihre Verdienste könnte sie als Ernte ihres unermüdlichen Einsatzes für all die Dinge, ihr Engagement, die entsprechenden Institutionen zu unterstützen und zu fördern, betrachten und mit Stolz geniessen. Sie wäre aber nicht Ursula Jones, wenn sie bloss zu den Jahresversammlungen, zu den Sitzungen und illustren Dinners ginge. In ihrem auf ein Jahr angelegten Terminplan tauchen sie mehrmals auf, die Funds, Trusts, Boards und Gesellschaften. Sie ist eine «gefürchtete» Sitzungsteilnehmerin, stets bestens vorbereitet, dossiersicher, streitbar, wenn es darum geht, die Verwaltungskosten zugunsten der Fördergelder niedrig zu halten. Dass sie bei der Fülle ihrer nie auf die leichte Schulter genommenen Verpflichtungen immer wieder mit kleineren oder auch grösseren Zeitverschiebungen zu den Sitzungen erscheint, wird wahrscheinlich ab und zu in Protokollen erwähnt, immer aber mit viel Verständnis und Nachsicht und meist lächelnd toleriert.

Seit sie mit neuen Kniegelenken, im Paraplegiker-Zentrum von Nottwil operierten Halswirbeln und temporären Lähmungserscheinungen in den Zehen und Fingern nicht mehr wie gewohnt den

roten Bussen nachrennt und die Rolltreppen zu der Untergrundbahn hinunterhastet, nimmt sie sich zur unverhohlenen Freude ihrer
Mit-Trustees, -Members und -Gesellschafter mehr Zeit für die Wege
und verzichtet auch, wenn die Strecke sie wahrscheinlich überfor-
dern würde, auf das Fahrrad.

«Wenn ich dank meines Freedom Pass schon kein Taxi mehr
brauche, will ich doch jetzt nicht auch noch anfangen, die Conges-
tion Charge zu bezahlen.»

Keiner ihrer Freunde hat eine Ahnung, ob auch überaus berüchtigte flinke Radfahrerinnen, wie Ursula Jones eine ist, die Londoner
Staugebühr bezahlen müssen. Wenn sie in ihrem Alter überhaupt
noch auf ihrem dreigängigen Vehikel – oft mit Einkäufen beladen –
zwischen Autos, Taxis, Lastwagen und Bussen hindurchflitzt, wäre
den Bürgermeistern von Ken Livingstone über Boris Johnson bis
Sadiq Khan alles zuzutrauen.

«You've missed something», ist eine ihrer oft gemachten Feststel-
lungen.

Ein bisschen Ratlosigkeit bleibt bei den meisten Freunden und
Bekannten. Niemand kann nachvollziehen, wie Ursula es fertig-
bringt, ihren Terminkalender einigermassen einzuhalten. Ja, wenn
sie gehetzt zu den Verabredungen käme, unvorbereitet und ober-
flächlich, wenn sie tags darauf nicht mehr wüsste, was sie gestern
oder am Vormittag getan, gehört und gesehen hatte, was die Menschen in ihrem Umfeld verpassten. Vielleicht kann sie die Handlung
der erlebten Oper nicht mehr im Detail nacherzählen, ist ihr die
Nummer im Deutsch- oder Köchelverzeichnis nicht mehr präsent,
aber dass sie Tom Stoppard mit Alan Bennett vertauschen könnte,
Alban Berg und Arnold Schönberg durcheinanderbrächte, die Brue-
gels verwechselte, ein Budget nicht von den realen Ausgaben unterscheiden und die Mayas nicht präzise von den Azteken auseinander-
zuhalten imstande wäre, «bitte schön, die Vergreisung ist noch nicht

so weit fortgeschritten!». Dass ihr sowohl in den Konzerten, im Theater, in der Oper oder an Vorstandssitzungen ab und zu die Augen zufallen, Schlaf sie übermannt, will sie keineswegs bestreiten.

Ins Schwärmen gerät Ursula, wenn sie von ihrer Mitgliedschaft bei der Streetwise Opera erzählt. Es ist schiere Bewunderung für die Idee, obdachlose Menschen mit Musik wieder in ein überdachtes Leben zurückzuführen. Seit Ursula in Covent Garden die Kehrichtabfuhrmänner und ihre Arbeit aus nächster Nähe kennenlernte und grossen Respekt für die Nachtarbeiter bezeugt, die unseren Dreck entsorgen, hat sie auch ganz andere Augen für Zustände, die ihr zuvor zwar nicht entgingen, aber doch nicht die Bedeutung hatten, die sie verdient hätten. Nachtarbeiter waren auch ihre Musiker, sie mit inbegriffen.

Matt Peacock war Opernkritiker und Mitarbeiter in einer Unterkunft für Obdachlose. Als ein Politiker sich in der Presse über die vielen Obdachlosen rund um das Royal Opera House in Covent Garden und die English National Opera in der St Martins Lane aufhielt und durchblicken liess, wie unangenehm es für die Besucher der beiden Häuser sei, nach den glanzvollen Aufführungen regelmässig über die in Decken und Schlafsäcke gehüllten, mit Kartonschachteln zugedeckten, aus der Gesellschaft ausgeschlossenen Obdachlosen zu stolpern, entschloss sich Matt Peacock, sich auf die angeprangerten Obdachlosen einzulassen, ihrem Elend, ob selbst oder fremdverschuldet, auf eine andere Art zu begegnen als die bekannten Hilfsorganisationen. Er sprach die auf der Strasse lebenden Menschen an, lud sie zu Workshops mit Musikern ein, begeisterte sie für die alles andere als elitäre Oper.

«Nein, es war keine Sisyphusarbeit. Es war, es ist Arbeit. Harte Arbeit, beglückende Arbeit.» Selbst überrascht, wie seine Idee zündete, sowohl bei den Obdachlosen als auch bei den Leuten, die er für die Verwirklichung seiner Pläne um Geld anging. Im Jahr 2002 kam die erste Produktion, Benjamin Brittens *The Five Canticles,* mit professionellen Sängern und Musikern zustande. Streetwise-Mitglieder mimten die Geschichten und feierten in der Westminster Abbey einen durchschlagenden Erfolg. *The Times* schrieb, dass zynische Kommentare im Vorfeld des Experiments von der Aufführung ein dilettantisches Ergebnis befürchteten. Die gleichen Leute stellten unumwunden fest, dass genau das Gegenteil, eine zutiefst ergreifende Geschichte auf höchstem musikalischem Niveau, über die Bühne respektive durch die altehrwürdige Kirche ging. Benjamin Britten, der Komponist der *Five Canticles,* hätte sich vor den Künstlern aus einer anderen kulturellen Welt tief verneigt.

Matt Peacocks Arbeit brachte nicht nur dem erstaunten Publikum und der Presse unerwartete Begegnungen und Einsichten, viele der Beteiligten, zu Unrecht als Randständige bezeichnet, schafften den Wiedereinstieg in die Gesellschaft, aus der sie gewollt oder ungewollt ausgestiegen, gedrängt worden waren. Mit weiteren hochgelobten Produktionen im New College in Oxford, am London Handel Festival, mit den *Rückert-Liedern* in Nottingham, einer Oper in Newcastle, am Almeida Opera Festival in London, einer Videoshow in der Royal Festival Hall in London, einer Koproduktion mit dem Spitalfields Winter Festival machte die Streetwise Opera Furore. Mit «einer Stimme» sangen Obdachlose aus dem Vereinigten Königreich mit dem Royal Opera House of Covent Garden an den Olympischen Spielen von 2012. Ein Jahr später brillierten wieder Obdachlose aus dem ganzen Land mit einer wunderbar schrägen Show zur Globalisierung im Nationalen Filmtheater an der Londoner Southbank. Bei einer anderen Gelegenheit nahm Streetwise an allen Aufführungen der Oper *Dialogues des Carmélites* von Francis Poulenc im Royal Opera House Covent Garden teil. Sir Simon Rattle dirigierte. An den Olympischen Spielen in Rio wurden die Sängerinnen und Sänger auf dem Weg aus dem Elend begeistert gefeiert. Es geht

Streetwise Opera nicht darum, von der Presse bis hin zu den höchsten Regierungsstellen über den Klee gelobt zu werden, auch wenn Anerkennung, Lob und Zustimmung für die Verbreitung der Idee von grossem Nutzen sein können. Jeder einzelne Obdachlose, der durch Matt Peacocks Idee sein Selbstwertgefühl wiederfindet und sich der Gesellschaft nicht mehr verweigert, ist wichtiger als eine Seite in der *Times*, im *Guardian*, dem *Telegraph* oder eine Aufzeichnung für die Ausstrahlung durch die BBC. Ursula Jones ist fast von allem Anfang an mit dabei, wirbt in Freundes- und Bekanntenkreisen potente Geldgeber an, vermittelt Komponisten, professionelle Sängerinnen und Sänger, Musiker und Musikerinnen.

«Mitzuerleben, wenn Menschen, die schon alle Hoffnungen aufgaben, noch einmal unter einem festen Dach zu Hause sind, mit grosser Leidenschaft bei einem Grossprojekt mitspielen, das Leuchten in den Augen der Sängerinnen und Sänger zu sehen, wenn ihre Stimmen die Westminster Abbey erobern und das Publikum nicht mehr gegen die überwältigende Rührung ankämpft, dagegen kommt kein noch so perfektes Konzert, keine grosse Oper, keine noch so epochale Theaterinszenierung an.»

Es war nicht Ursulas Idee, den Obdachlosen zu helfen, denen auch sie ständig und vor allem in der Nähe der grossen kulturellen Institutionen begegnet. Aber als sie davon hörte, dass mit Musik mehr zu erreichen ist als mit verständnisvollen Worten, mit Wolldecken, Suppe, Tee, Seife und Zahnbürsten, mit übrig gebliebenen leckeren Sandwiches aus der City und nicht allzu abgegriffenen Büchern aus öffentlichen Bibliotheken, war sie mit Begeisterung dabei, fand in Matt Peacock eine ihrem Temperament und Engagement verwandte einzigartige Persönlichkeit. Ursula weiss, dass es trotz Streetwise Opera gesellschaftlich bedingt immer mehr Obdachlose gibt. Überall. Dass viele Betroffene auch gar nicht mehr wegwollen von der Strasse, ist nicht wegzureden. Wenn aber Matt Peacock und seine zu einem stattlichen Heer angewachsenen Helfer mittlerweile weltweit fast die Hälfte der bei seinen Projekten Mitwirkenden zu mehr Zuversicht und einem Neubeginn motivieren können, ist das weit mehr als der Tropfen auf den heissen Stein. Tatkräftige Philanthropie. Elend gibt es ohnehin zu viel. In den Strassen Londons und anderen Grossstädten kann es ohne martialische Kampfansage mit Musik gelindert werden.

14

«Là-haut sur la montagne»

Ursula Jones ist in den mehr als 60 Jahren auf den Britischen Inseln eine Londonerin geworden und kann sich nicht mehr vorstellen, permanent anderswo, zum Beispiel in der Schweiz, zu leben. Selbstverständlich lässt sie ihren roten Pass immer wieder verlängern. Wahrscheinlich ist sie auch ein bisschen stolz, Doppelbürgerin zu sein. Ob sie sich mehr zum einen Staat oder zum anderen bekennt? Da beide Länder zu den stabilsten Staatswesen gehören und es kaum vorkommt, dass sie vom einen oder anderen enttäuscht wird, und sie froh ist, noch anderswo rechtlich dazuzugehören, empfindet sie Staatszugehörigkeit als rein ambivalente Gefühlssache. Vielleicht haben sie und ihr Mann deshalb vor längerer Zeit im Wallis über dem Zermatter Tal ein Chalet gekauft. Ursulas Mutter riet, den Überschuss von den Gagen, die Philip ausserhalb Englands ausgehändigt bekam, ihr anzuvertrauen und gewinnbringend anzulegen. Wenn das rein persönliche Verhältnis zwischen Schwiegersohn und Schwiegermutter auch nie konfliktfrei war, etwas musste der Leader des PJBE Ursulas Mutter neidlos attestieren: Wenn's um Geld ging, hatte sie eine äusserst geschickte und glückliche Hand. Als Philip Jones nach einiger Zeit den Stand seiner gesparten Gagen sah, kam er aus dem Staunen nicht heraus und vermutete Machenschaften, die ihm nicht geheuer waren, von denen er sich gegebenenfalls distanzieren müsste. Die Schwiegermutter amüsierte sich über seine Bedenken, Ursula zuckte bloss mit den Schultern. Sie hatte keine Ahnung von der fast biblischen Geldvermehrung.

Das Chalet Chems in St. Niklaus war der einzige materielle Besitz in der Schweiz. Klein, aber umso feiner, umgeben von Tannen, Bergföhren, Lärchen und Arven. Wie es sich gehört, wenn man aus der Grossstadt ins Wallis reist, nach der Postautofahrt durch blühende Wiesen, durchs würzige Sommergras, herbstbunte Farben oder im Winter durch knietiefen Schnee zum sonnengebräunten Haus stapft. Hier spielte Philip Jones das Alphorn ebenso virtuos wie seine Trompete. Vom «Chems» aus unternahmen Ursula und Philip Jones unvergessliche Bergwanderungen, hier feierten sie mit der Dorfbevölkerung den 1. August, und an Silvester kamen die Neujahrssänger vorbei. Hier oben, wo die Bäume ums Haus herum wie in Johanna Spyris *Heidi* im Wind rauschen, wo Ursula dem Himmel oder zumindest den Sternen näher ist, wo in Vollmondnächten die Gipfel der Walliser Alpen zur Kulisse von Benjamin Brittens *A Midsummer Night's Dream* werden. Hier, wo die Trompete und das Alphorn aus allen Himmelsrichtungen auch dann in Moll gedämpft als Echo zurückkommen, wenn das Original in Dur gespielt wurde. Hier wurde Philip Jones' Asche zu den von seinen Brass-Kollegen gespielten Klängen von «Là-haut sur la montagne» dem Wind und der Erde übergeben. Von hier aus unternahm Ursula als Witwe weit anspruchsvollere Berg- und Klettertouren als die gemeinsamen, von Philip Jones mitgeplanten.

Vielleicht etwas leichtsinnig stieg sie zweimal in eine von ihr fälschlicherweise als bekannt eingeschätzte Felswand, einmal mit einer Freundin, ein andermal allein und ohne Sicherung. Der am Rand eines jähen Abgrunds entlangführende Pfad wurde immer schmaler und unsicherer. Nach einer unübersichtlichen Biegung stand sie vor einem unüberwindlichen Felsbrocken, und als sie sich umdrehte, um den Rückweg anzutreten, schauderte ihr vor dem Abgrund, der aus der neuen Sicht weit bedrohlicher wirkte und ihr, die sie wie gelähmt war, keinen Schritt mehr erlaubte. Weder vorwärts noch rückwärts. Dass sie ihr mobiles Telefon bei sich hatte, erschien ihr wie ein Wunder. Auch wie sie mit dem kleinen Gerät einen Notruf auslöste, grenzte an ein Mysterium.

«Grossartig, wie ein Helikopter angeflogen kam, ein Retter zu mir abgeseilt wurde, mich an sich band und wir zusammen im heftigen Wind der Rotoren hochgezogen wurden.»

Nicht minder spektakulär der Flug in die Sicherheit. Dass die Bergrettung nicht umsonst, weil ja doch selbstverständlich war, erstaunte sie zuerst ein bisschen. Dann aber verstand sie die gepfefferte Rechnung. Ein einfaches Unterfangen war es nicht, sie aus der misslichen Lage zu befreien. Bei der Landung sagte ihr der Retter: «Dine Grind kenn ich doch.» Vor ein paar Jahren war er ihr Bergführer aufs 4027 Meter hohe Allalinhorn.

Mit der Quasiaufhebung des Bankgeheimnisses und dem automatischen Informationsaustausch wurde es schwieriger, in zwei Ländern Grundbesitz zu haben. Die Steuerbehörden in Grossbritannien begannen rigoros zuzugreifen, und Ursula entschied sich, ihr geliebtes Chalet Chems ihrem Patensohn und Vetter zu überschreiben. Dass sie dort oben, wo es, wenn sie einmal über die Schwelle ins Haus tritt, keine Termine, keine Konzerte, weder Oper noch Theater gibt, wo keinen roten Bussen nachgerannt werden kann, wo es keine Rolltreppen zu Untergrundstationen gibt und das Fahrrad auf den steilen Strassen und Wegen keine Alternative ist, ein Wohnrecht auf Lebzeiten beansprucht, versteht sich. Und im Keller warten keine Ski mehr darauf, an die etwas lädierten Beine und Füsse geschnallt zu werden. Wennschon, würde sie die neuen Modelle mieten. Ob sie wie gewohnt auf den Brettern stehen und zu Tal wedeln kann, auf den Pisten die gleiche Faszination erleben wird wie beim Tandemflug am Gleitschirm, wird sich zeigen müssen. Um die Hoffnung auf ein Ski-Comeback nicht abrupt zu zerstören, wartet sie vorerst ab, denn vielleicht entwickeln sich die heutigen Bretter exakt für ihr

Handicap weiter. Ob diese Einsicht schon etwas mit der von ihren vielen Freunden insgeheim herbeigesehnten Altersweisheit zu tun haben könnte?

Macht sie sich denn überhaupt Gedanken übers Älterwerden? «Ich bin ja schon alt!», erwidert sie auf solche von ihr als dumm bezeichneten Fragen. Die Erni-Gene erwähnt sie dabei nicht. Dass es auf irgendeine Art vielleicht doch beruhigend oder was auch immer sein könnte, dass ihre Mutter 107, Onkel Hans 106, Tante Berti über 100 wurden, mag Ursula nicht von der Hand, aber doch lieber aus ihren Gedanken weisen. Abhängig werden von Helferinnen und Betreuern? «Auf gar keinen Fall.» Dafür hat Ursula mit gezielten Verfügungen vorgesorgt.

Und dann ist da noch das Haus in Morcote. Ein Juwel direkt am See. Die Eltern hatten die einzigartige Gelegenheit, das kleine Haus mit der grossen Terrasse über dem See zu erwerben. Ursulas Mutter liebte das Haus über alles, liess es von einem Innenarchitekten und Dekorateur, einem Stilisten und grossen Meister seines Fachs, für ihre Bedürfnisse und nach ihrem untrüglichen Geschmack herrichten, verbrachte auch weit über 100 Jahre alt und betreut von liebevollem Personal viel Zeit in Morcote, erfreute sich am Blick hinüber nach Italien. Nach Maria Strebis Tod kam das Haus in Morcote in die Erbmasse, auf die Ursula keinen Zugriff mehr hat. Ursula übernahm aber das Präsidium der Maria und Walter Strebi-Erni Stiftung und konnte den von früheren Stiftungsräten angestrebten Verkauf der Liegenschaft hinauszögern. Nicht aus Eigennutz. Aber nirgendwo lassen sich an Sommerabenden schöner Hauskonzerte zelebrieren als auf der vom Strassenlärm durch das Haus abgeschirmten Terrasse.

Die Geschichte des Hauses? Zwischen dem 16./17. und dem 19. Jahrhundert bauten reiche Mailänder ihre Sommerresidenzen in Morcote. Ursula denkt, dass die heutige Villa Melitta ein Gärtner-

oder Angestelltenhaus war. Vor den Strebis war der Besitzer ein gewisser Herr Scherrer, seines Zeichens Hitlers persönlicher Schneider. Er war ein Kunstsammler und Schöpfer des Parco Scherrer, den er der Gemeinde Morcote vermachte. Seine Frau soll eine Tänzerin und Bewunderin der Amalienburg in München gewesen sein. Einiges dieser Bewunderung floss ein ins Haus am See. Philip Jones schenkte Ursula zu ihrem Doktortitel ein Boot. «Keine Jacht», lacht Ursula, «aber das Boot wurde gebührend auf den Namen ‹Doktor Metate› getauft.» Nein, ständig dort wohnen möchte Ursula auch dann nicht, wenn ihre Lebensenergie nicht mehr reichen sollte, pausenlos unterwegs in Sachen Musik zu sein. Und nochmals nein, sie glaubt nicht, dass es an der Geschichte des Hauses liegt. Vielleicht spielt ihre Enterbung von damals eine Rolle. Und wären es nicht die Musik, die Miloš Karadaglić auf seiner Gitarre über den See zaubert, die Klänge all der jungen Musikerinnen und Musiker, die Ursula nach Morcote einlädt, die Besitzverhältnisse hätten sich schon längst wieder geändert.

Enttäuschungen? Doch. Die tausend Leben der Ursula Jones wären ohne die eine oder andere Nichterfüllung innigster Wünsche bestimmt ein bisschen anders verlaufen. Den schlimmsten Schock erlebte Ursula, als in der Londoner Kathedrale von Southwark Bachs *Weihnachtsoratorium* unter der Leitung Benjamin Brittens auf dem Programm stand. Der Continuo-Spieler war nicht in der Gewerkschaft der Orchestermusiker. Wenn er nicht in die Gewerkschaft eintrete, dürften die engagierten Musiker nicht spielen. Eine Erpressung. Der Continuo-Spieler gab nicht nach, Benjamin Britten und das ganze Orchester unterstützten ihn, dem Orchester wurde verboten zu spielen. Auch Ursulas Mann Philip Jones war vom Spielverbot nicht ausgeschlossen. Ursula kannte selbstverständlich die Gewerkschaftssatzungen, hoffte aber, dass die Gegenwart Benjamin Brittens, Peter Pears' und Janet Bakers die Fronten aufweichen könnte. «Doch, es kam mir vor wie Krieg. Und ich verlor.» Die Aufführung fand dennoch statt. Britten dirigierte, die Solisten und der Chor sangen, der Cembalist spielte das Continuo, und der Organist übernahm die Orchesterstimmen. Das Orchester sass perplex und stumm auf den Bänken im Hinterschiff der Kirche.

Um ihren Nachlass wird es keine unrühmlichen Auseinandersetzungen geben. Ihren auf London beschränkten Besitz liess sie wohlweislich von einer unabhängigen, renommierten Agentur schätzen. Das Haus mit Garten und Mews an einer der bevorzugtesten Wohnlagen Londons hat seinen Wert. Was Ursula und ihr Mann erwarben, ist heute über dreihundertmal mehr wert. Der Erlös wird dereinst vollumfänglich Institutionen zugutekommen, die sich der Musik verschrieben haben. Die Führung in diesem Nachlassverfahren wird die Royal Philharmonic Society übernehmen. Die Liste der Begünstigten ist lang. Ursula und Philip Jones werden in der Geschichte der Musik Grossbritanniens einen ehrenvollen Platz einnehmen.

Daten zu Ursula Jones' Leben

Ursula Jones Ph. D., OBE, geboren am 11. 3. 1932 in Luzern

1939–51	Primar-, Sekundar- und Handelsschule in Luzern Matura
1951–53	Universität Heidelberg, Dolmetscherschule Übersetzer-Diplom (Deutsch/Französisch/Italienisch)
1953–54	Universität Genf, Dolmetscherschule Übersetzer-Diplom (Französisch/Deutsch/Englisch)
1954–57	Orchestersekretärin, Philharmonia Orchestra London
1956	Heirat mit Philip Jones (1928–2000)
1958–59	Management, Goldsbrough Orchestra, London
1960–63	Gründerin und Direktorin, International Art Club Editions, London
1960–74	Mitbegründerin und Managerin English Chamber Orchestra, London
1975–78	University of London, Institute of Archaeology Bachelor of Arts (Archaeology)
1975–86	Management, Philip Jones Brass Ensemble, London
1978–92	University of London, Institute of Archaeology Teilzeitstudium (Präkolumbisches Zentralamerika) Ph. D. (Archäologie)
1978–2000	Dozentin und Lehrerin (Erwachsenenkurse): City University London, City Literary Institute London, British Museum, Westminster Adult Education, WEA etc.
Seit 2000	Nach dem Tod von Philip Jones Gastvorlesungen im In- und Ausland über Alt-Mexiko, Philip Jones Brass Ensemble, Besteigung des Kilimanjaro Unterstützung von talentierten jungen Musikern und Organisation von Konzerttourneen für junge Musiker

Mitglied im Stiftungsrat
Lucerne Festival
Streetwise Opera, London
National Youth Wind Orchestra of GB
Samuel Gardner Memorial Trust, London
Maria & Walter Strebi-Erni Stiftung Luzern (Präsidentin)

Mitglied
Royal Society of Musicians, London
Worshipful Company of Musicians, London
PLG Advisory Council, London

Auszeichnungen
Hon.FTCL (2000), Freedom of the City of London (2003), OBE (2010),
Hon.RNCM (2013), Hon.Life Membership ROSL (2014), Ehrennadel der
Stadt Luzern (2014)

Bildnachweis

Die Zahlen beziehen sich auf die Bildnummern.

© Klaus Hennch: 14

© HM The Queen & BCA Film: 34

Ursula Jones, Privatsammlung: 2, 3, 4, 5, 6, 9, 10, 11, 12, 15, 17, 18, 19, 20, 21, 22, 23, 24, 25, 26, 27, 28, 30, 31, 33, 35, 36, 37, 38, 39

© Alan Kerr: 29

© Josef Laubacher jn.: 8

© Suzie Maeder: 1, 13, 16

© Royal Northern College of Music: 32

Staatsarchiv Luzern, FDC102/2564, © Lisa Meyerlist: 7

Autor und Verlag haben sich bemüht, die Urheberrechte der Abbildungen ausfindig zu machen. In Fällen, in denen ein exakter Nachweis nicht möglich war, bitten sie die Inhaber der Copyrights um Nachricht.